Vitale, Umwelt in Lateinamerika

Über den Autor

Der Historiker Luis Vitale gilt als einer der angesehensten
Sozialwissenschaftler und marxistischen Theoretiker Lateinamerikas. Er wurde 1927 in Argentinien geboren, studierte
an der Universität von La Plata (Argentinien), war von 1959
bis 1962 wissenschaftlicher Berater des Vorstandes des chilenischen Gewerkschaftsverbandes CUT und lehrte danach als
Professor für Geschichte und Geographie an verschiedenen
chilenischen Universitäten. Als politischer Aktivist arbeitete
er in mehreren Organisationen der revolutionären Linken;
1965 beteiligte er sich an der Gründung des *Movimiento de
Izquierda Revolucionaria* (MIR), das er wegen politischer
Differenzen 1969 wieder verließ. Er ist Mitglied der IV.
Internationale.

Nach dem Militärputsch gegen die Regierung Allende im
September 1973 war er bis November 1974 politischer Ge-
fangener, u.a. im Konzentrationslager Chacabuco. Nach sei-
ner Ausweisung aus Chile arbeitete er an der Universität
Frankfurt am Main, später an der staatlichen Universität in
Caracas und in Buenos Aires. Inzwischen ist er wieder nach
Chile zurückgekehrt.

Luis Vitale hat seit den sechziger Jahren etwa 30 Bücher und
zahllose Artikel in nord- und lateinamerikanischen sowie
europäischen Zeitschriften veröffentlicht. Zu den wichtigsten und am weitesten verbreiteten Schriften gehören:

— *Lateinamerika: feudal oder kapitalistisch?* (1966);
— *Marxistische Interpretation der Geschichte Chiles* (5
  Bände, 1967-1980);
— *Die lateinamerikanische Gesellschaftsformation* (1979);
— *Geschichte und Soziologie der lateinamerikanischen Frau*
  (1981);
— *Geschichte der lateinamerikanischen Außenverschuldung
  und Zwischenbilanz der Verschuldung Argentiniens*
  (1986).

Luis Vitale

Umwelt in Lateinamerika
Die Geschichte einer Zerstörung
Von den Kulturen der Eingeborenen zur
ökologischen Krise der Gegenwart

ISP-Verlag
Frankfurt am Main

Reihe: isp-pocket 45

CIP-Kurztitelaufnahme der Deutschen Bibliothek
Vitale, Luis:
Umwelt in Lateinamerika: die Geschichte einer Zerstörung: von den Kulturen der Eingeborenen zur ökologischen Krise der Gegenwart / Luis Vitale. Aus d. Span. von Alexander Schertz. - Dt. Erstausg. - Frankfurt am Main: ISP-Verlag, 1990.
(isp-pocket; 45)
Einheitssacht.: *Hacia una historia del ambiente en America Latina* (dt.)
ISBN 3-88332-170-2
NE: GT

internationale sozialistische publikationen

isp-Verlag GmbH, Postfach 11 10 17, D-6000 Frankfurt a. M. 1
1. Auflage November 1990
© isp-Verlag
© der Originalausgabe: Editorial Nueva Imagen, S.A. Apartado Postal 600, Mexico 1, D.F.
Lektorat: Wilfried Dubois, Paul B. Kleiser, Heinz Kraft
Umschlaggestaltung: Marlies Lang
Titelbild: © Bettina Buresch
Satz: Ab-Satz, München
Druck und Bindearbeiten: Ulenspiegel, München

1 2 3 4 5 - 95 94 93 92 91 90

Inhalt

Vorbemerkung

Die vorliegende Arbeit wurde in ihren wesentlichen Bestandteilen in den zwei Jahren realisiert, in denen ich am CENAMB (*Centro de Estudios Integrales del Ambiente* — Zentrum für umfassende Studien der Umwelt) der Universidad Central de Venezuela gearbeitet habe. Ich habe einige Unterkapitel hinzugefügt, insbesondere zur Kritik an bestimmten aktuellen Strömungen und an einigen Vorschlägen, der Umweltkrise in Lateinamerika durch eine schöpferische Praxis Herr zu werden. Es liegt auf der Hand, daß allein der Autor für diese Aussagen verantwortlich ist. Mir bleibt nur noch der Dank an die Professoren des CENAMB, José Balbino León, Ramon González Almeida und Augusto Tobito, für ihre unschätzbaren und gehaltvollen Vorschläge und für ihre Solidarität in einem schwierigen Moment meines Lebens im Exil.

Wir haben versucht, einen Weg zu bahnen für eine Untersuchung einer Problematik, die bisher nur knapp angeschnitten wurde: der historischen Entwicklung der Ökosysteme Lateinamerikas, von der präkolumbianischen Epoche bis zur ökologischen Krise der Gegenwart.

Diese Seiten stellen eine erste Annäherung an eine Geschichte der Umwelt in Lateinamerika dar. Sie sind eine Gesamtheit von Gedanken, die dazu einladen sollen, wenig untersuchte Fragen der Umwelt auf unserem Kontinent zu diskutieren und zu behandeln. Wenn diese Einladung eine Gruppe hervorbringt, die die Geschichte der Umwelt studiert, hat der Autor sein Ziel weitgehend erreicht, denn er ist davon überzeugt, daß nur eine lateinamerikanische Arbeitsgruppe, die sich aus Forschern aller Länder zusammensetzt, die Aufgabe bewerkstelligen kann, die er sich in der vorliegenden Arbeit gestellt hat.

Einleitung

Kritische Anmerkungen zur heutigen Wissenschaft

Keine der heutigen Wissenschaften erlaubt ein globales Herangehen an die Umwelt als Gesamtheit, in der die unbelebte und die lebendige Sphäre in Wechselwirkung stehen, sich gegenseitig beeinflussen und bedingen und dabei dynamische und veränderliche Ökosysteme bilden.

Die traditionelle Ökologie, die als Hilfszweig der Naturwissenschaften Ende des 19. Jahrhunderts entstanden ist, konnte ihre Grenzen trotz der Bemühungen der integralistischen Ökologen nicht überwinden.

Die sogenannten exakten Natur- und Gesellschaftswissenschaften haben bedeutende Fortschritte erreicht, aber ihre überaus speziellen Analysen haben die Tendenz zur Zerstückelung der Realität verstärkt. Der Prozeß des schnellen Wachstums der superspezialisierten Wissenschaften ist relativ jung, genauer gesagt, er begann am Ende des vergangenen Jahrhunderts. Die Griechen hatten ein globales Konzept für das Studium der Realität. Die Vorsokratiker, wie Anaximander und Anaxagoras, erklärten die gesamten Gegebenheiten durch die energetischen Quellen, wie das Sonnenlicht, das Wasser und andere Elemente der Natur.

Platon, Aristoteles und später Galén* „betrachteten das Universum als einen Organismus, d.h. als ein harmonisches und zugleich durch Gesetze und Zwecke geregeltes System. Sie verstanden sich selbst als einen organisierten Bestandteil des Universums, als eine Art Zelle des Organismus Universum".[1]

Trotz der religiösen und obskurantistischen mittelalterlichen Gegenströmung, die versuchte, die wissenschaftliche

---

* Galén, griechisch-römischer Arzt, 129-199 n. Chr.

Analyse der Welt zu verhindern, traten im tiefen Mittelalter Forscher vom Format eines Roger Bacon auf. Die italienische Renaissance brachte den umfassendst gebildeten und denkenden Menschen der bisherigen Geschichte der Menschheit hervor, Leonardo da Vinci: Künstler, Mathematiker, Wissenschaftler, Kunsthandwerker, Erfinder, Forscher, Zeichner, Maler, Bildhauer und Meister einer Unzahl von weiteren Aktivitäten, denen er sich widmete, die Ausdruck eines Genies waren, das sich immer bemühte, die Welt seiner Epoche in ihrer Totalität zu begreifen.

Noch im 17. Jahrhundert versuchten die Wissenschaftler, so viel wie möglich vom vorhandenen Wissen zu erfassen. Newton war Mathematiker, Astronom, Optiker, Mechaniker und Chemiker, wie viele Wissenschaftler seiner Epoche. John D. Bernal schrieb: „Als Folge dieser Universalität konnten sich die Wissenschaftler oder *virtuosi* des 17. Jahrhunderts ein viel einheitlicheres Bild von der Wissenschaft machen, als es in späteren Zeiten möglich war."[2]

Worauf war die Entstehung so vieler spezialisierter Wissenschaften zurückzuführen? Man muß die Erklärung in der sozialen Entwicklung Europas im 18. Jahrhundert suchen. Das kapitalistische System, das wissenschaftliche Entdeckungen benötigte, um einen schnellen Aufschwung zu erreichen, regte das üppige Wachstum wissenschaftlicher Spezialgebiete und Zweige an, wie die Chemie für die Textilindustrie, die Physik und die mechanische Ingenieurswissenschaft für den Prozeß der Industrialisierung, der sich seit der ersten industriellen Revolution beschleunigte. Die angewandte Wissenschaft gibt es seit vielen Jahrhunderten, sie erreichte jedoch im 19. Jahrhundert mit der Erfindung des Telefons, der Elektrizität, der Eisenbahn und des Dampfschiffs einen bedeutenden Aufschwung.

Von dem Augenblick an, an dem die Wissenschaft zum Hauptantrieb der technischen Fortschritte für das industrielle Wachstum wurde, zersplitterte sie sich in so viele Spezialgebiete, wie es der Produktionsprozeß erforderte. Dies ist die Epoche, in der sich die Wissenschaft institutionalisiert, durch das weit geöffnete Tor der Universität tritt und unter dem Postulat der „reinen Wissenschaft" akademischen Grad erreicht. Mitte des 19. Jahrhunderts wurde der Universitätsprofessor „der typische Vertreter der Wissenschaft... Die Wissenschaft veränderte weniger die Universitäten als diese die Wissenschaft. Der Wissenschaftler verlor etwas vom Wesen eines Bilderstürmers und Sehers und wurde mehr zum Schriftgelehrten, zum Übermittler einer ruhmreichen Tradition. ... So hing ... die Wissenschaft der Universitäten von dem Erfolg der Wissenschaft in der Industrie ab."[3]

Diese Abhängigkeit der Wissenschaftler von der Industrie hat sich in unserem Jahrhundert verstärkt. Der Staat und die großen Firmen des internationalen Monopolkapitals finanzieren die wichtigsten Forschungen, deren Ziele nicht rein akademisch sind. Kurz gesagt, je mehr sich die Industriegesellschaft „entwickelt" — unter einer oberflächlichen und ideologischen Vorstellung von Fortschritt —, um so mehr wissenschaftliche Spezialgebiete bringt sie hervor und verstärkt damit die Tendenz zur Zerstückelung der Kenntnis der Wirklichkeit.

Die einseitige Entwicklung der Wissenschaften in abgeschlossenen Abteilungen hat die Herausbildung eines theoretischen Denkens behindert. Angesichts des Fortschreitens des Empirismus und des pragmatischen Neopositivismus wird eine Theorie zur Orientierung auf dem Gebiet der wissenschaftlichen Forschung immer notwendiger. Nur die Ausarbeitung einer globalen Theorie kann zur Krise der empirischen Methode führen und den Fortschritt der Wissenschaft hin zu einer umfassenden Perspektive ermöglichen.

Grundlagen einer Wissenschaft von der Umwelt

Es ist eine Wissenschaft erforderlich, die dazu in der Lage ist, die Umwelt als eine dynamische Gesamtheit in ständiger Veränderung zu analysieren. Wie Morin sagt, besteht das Ziel darin, „die Wissenschaft von den Wechselbeziehungen, Wechselwirkungen, den Überlagerungen heterogener Systeme zu schaffen, eine Wissenschaft jenseits der isolierten Einzeldisziplinen, eine wahrhaft interdisziplinäre Wissenschaft".[4]

Karel Kosik schrieb: „Die Möglichkeit, eine einheitliche Wissenschaft und eine einheitliche Konzeption dieser Wissenschaft zu entwickeln, gründet in der Entdeckung einer tieferen Einheit der objektiven Wirklichkeit. ... Der Mensch existiert in der Totalität der Welt, aber zu dieser Totalität gehört er selbst mit seiner Fähigkeit, die Totalität der Welt im Geist zu reproduzieren. ... Die Versuche, eine neue einheitliche Wissenschaft zu bilden, entspringen der Feststellung, daß die Wirklichkeit selbst in ihrer Struktur dialektisch ist".[5]

Nach unserer Auffassung kann das einheitliche und globale Verhalten der objektiven Realität nur mit einer umfassenden Methodik und Theorie untersucht werden, die nicht das Ergebnis der Summe der Entdeckungen jeder einzelnen Wissenschaft ist. Eine interdisziplinäre Arbeit garantiert kein globales Bild von der Umwelt, denn jeder Spezialist trägt nur eine Teilanalyse bei, indem er die Bestandteile vom Ganzen trennt. Die fachübergreifende Aktivität kann — ohne die perfekte Lösung zu sein, da sie die beruflichen Deformationen der Spezialisten mit sich bringt — in einer ersten Phase dazu beitragen, die Grundlagen der Wissenschaft von der Umwelt auszuarbeiten.

Am CENAMB bevorzugt man es, „von der Umweltwissenschaft zu sprechen und nicht von der Ökologie, um sie von dem biologistischen Konzept zu unterscheiden, das die Ökologie der letzten hundert Jahre charakterisiert hat und immer noch verlangt, das Problem der Umwelt auf ein beschränktes begriffliches Gebiet einzugrenzen... Drei wichtige Eigenschaften zeichnen die Umweltwissenschaft aus, die ihr ein Betätigungsfeld und eigene Ziele im Rahmen der heutigen Wissenschaft geben: der globale oder umfassende Charakter, ihre Vollständigkeit und ihre energetische Grundlage. Sie begründet ihre umfassende Herangehensweise mit der Existenz einer vernetzten Welt. Im Unterschied zu anderen Wissenschaften, die in ihren theoretischen Gesichtspunkten einen umfassenden begrifflichen Ansatz ausposaunen und in der Praxis spalterisch sind und ihre Inhalte immer mehr voneinander trennen, um sie tiefer in ihrem Gehalt und weniger allgemein in ihren Ursprüngen zu machen, integriert die Umweltwissenschaft Kenntnisse und ist bestrebt, die Phänomene in ihrer ganzen Intensität und Größe zu erklären. Der globale oder vollständige Charakter der Umweltwissenschaft zeigt sich in der Tatsache, daß sie kein Phänomen isoliert von seinem Kontext studieren kann. Ihr Untersuchungsgegenstand sind die Beziehungen zwischen den Elementen und Variablen und nicht diese an sich. Vielleicht der wichtigste Beitrag, den die Gruppe des Zentrums für umfassende Studien der Umwelt der UCV zur theoretischen Entwicklung der Umweltwissenschaft geleistet hat, war eine neue energetische Konzeption. Die Gruppe versteht den energetischen Charakter der Umweltwissenschaft in den Konzepten Energie, Materie und Information. Diese sieht sie als Zustände des universellen energetischen Flusses. Sie ist der Meinung, daß die Energie für den Menschen des 20. Jahrhunderts die wissenschaftliche Erklärung sein wird, die es erlaubt, die Dynamik des Lebens, die Formen, die es verwirklichen, und den Kontakt zwischen den Lebewesen, die den Prozeß der Regeneration und Umgestaltung der konkreten Welt sicherstellen, zu verstehen."[6]

Wird diese neue Wissenschaft eine Wissenschaftswissenschaft sein? Die Diskussion dieser Problematik ist der Schlüssel für die Festlegung der Grenzen dieser neuen Wissenschaft. Das größte Risiko des Projekts einer Wissenschaftswissenschaft besteht darin, einer neuen Philosophie nachzujagen, einer Art Kosmologie oder einer Weltanschauung mit teleologischem Charakter.

Die Aufgabe der neuen Wissenschaft wäre nicht die Zusammenfassung der Fortschritte aller Einzelwissenschaften, sondern die Neuorganisation der gegenwärtigen Kenntnisse und die Ausnutzung der wissenschaftlichen Fortschritte für die Analyse des Umweltprozesses unter globalen Gesichtspunkten. Die Theoretiker der Umweltwissenschaft werden einerseits neue Erkenntnisse hervorbringen und andererseits richtungsweisend und fördernd wirken und den Spezialisten jeder wissenschaftlichen Disziplin bestimmte Untersuchungen vorschlagen, die zum globalen Bild der Realität beitragen werden.[7]

Die neue Wissenschaft wird den Menschen als untrennbaren Teil der Umwelt analysieren. Keine der gegenwärtigen Wissenschaften, einschließlich der Sozialwissenschaften, konnte verstehen, daß der Mensch in der Umwelt zu sehen ist und daß seine Entwicklung von der Natur bedingt ist. Während sich der Mensch jeden Tag unabhängiger und autonomer vorkommt, werden seine Abhängigkeitsverhältnisse zur Umwelt immer stärker. Die ökologische Krise der heutigen Gesellschaft — mit ihren Folgen Energiemangel, Umweltverschmutzung und radioaktiver Strahlung — ist eine deutliche Bestätigung dieser Aussage.

Wechselbeziehung zwischen Natur und menschlicher Gesellschaft

Es ist ein sehr schwerwiegender begrifflicher Fehler, eine Abgrenzung zwischen dem Menschen einerseits und der Umwelt andererseits vorzunehmen, als ob sie getrennt voneinander existieren würden. Das dualistische Konzept Mensch-Natur muß überwunden werden. Die globale menschliche Gesellschaft muß sich als Teil der Umwelt analysieren und verstehen, daß ihre Evolution von der Natur bedingt ist. Der Mensch seinerseits verändert auch teilweise die Natur.

McHale vertritt folgende Auffassung: „Die Menschen haben durch ihre Aktivitäten sogar die Zusammensetzung der Atmosphäre verändert und werden sie auch weiterhin verändern. Die Veränderungen erstrecken sich auch auf Flüsse, Ströme, Seen und Meere, und das in einem Maße, daß der Mensch auch sie verwandelt hat. Und sie umfassen die Beziehungen von Wasser, Luft und Land zueinander, nachdem der Mensch bereits weite Gebiete der Erdoberfläche — durch Abholzen der Wälder, Veränderung der Vegetationsdecke, durch Kultivierung des Bodens, Regulierung und Eindämmung von Flußläufen, Neuverteilung von Metallen und Mineralien usw. — transformierte und so die komplexen Beziehungen zwischen Tierpopulationen und ihrem Milieu, ja sogar die größeren Zyklen, wie Verdunstung, Atmung und Niederschläge veränderte."[8]

Weiter unten erklärt derselbe Autor: „Wir modifizieren die Umwelt nicht nur durch das Handeln des Menschen, wie es sich in Naturwissenschaften und Technologie zeigt — so etwa, wenn wir die Erde aus ökonomischen Gründen physikalisch verändern —, vielmehr spielen alle sozialen Institutionen ihren Part, wenn es darum geht, Richtung, Ziel und Zweck zu bestimmen, die solche Umweltaktivitäten leiten."[9]

Die Beziehung Mensch-Natur wurde nach einem dichotomischen Kriterium untersucht, nach der Konzeption des strukturellen Dualismus, als ob der Mensch außerhalb der Umwelt stünde. Rapaport stellt fest: „Die Umwelt ist nicht etwas 'da außen herum', das auf den Menschen einwirkt, vielmehr bilden sie und der Mensch ein komplexes Wechselwirkungssystem, zu dem auch die Wahrnehmung dieser Umwelt durch den Menschen gehört. Es wird zunehmend deutlich, daß die Beziehung zwischen dem Menschen und seiner physischen Umwelt komplex ist, vielschichtig und viele Facetten hat, daß die Untersuchung des Zusammenhangs zwischen Variablen oder isolierten Reizen und spezifischen Reaktionen sich schwerlich bewähren wird... Das Ergebnis ist, daß wir die Beziehung Mensch-Umwelt nicht als eine einfache Art von Antwort auf Reize betrachten können, da der Mensch der Umwelt immer symbolische Bedeutung zugemessen hat... Die Beziehung zwischen Reiz und Reaktion wird vermittelt durch eine von Symbolen und Bildern bestimmte Repräsentation der Umwelt in der menschlichen Vorstellung."[10]

Von den Umweltfaktoren hat die traditionelle Ökologie den soziokulturellen bisher am wenigsten untersucht. Die Mehrzahl der Ökologen ist der Analyse der globalen menschlichen Gesellschaft ausgewichen, als ob sie keinen Teil der Ökosysteme bilden würde.

Die wenigen Ökologen, die dem soziokulturellen Faktor Aufmerksamkeit gewidmet haben, haben dies auf eine abstrakte und nicht zeitspezifische Weise getan, während er korrekterweise an konkreten historischen Gesellschaften untersucht werden müßte, denn die verschiedenen Gesellschaftsformationen haben zu unterschiedlichen Verhaltensweisen gegenüber der Natur geführt. Die Rolle der Ökonomie, der sozialen Klassen, des Staates, der Kultur und der Ideologie in der gemeinschaftlichen, der asiatischen, der auf Sklaverei beruhenden und der feudalen Produktionsweise ist nicht identisch mit derjenigen in der kapitalistischen Produktionsweise. Die Wirtschaftspolitik des heutigen Staates hat eine spezielle Ideologie bezüglich des Energieverbrauchs unterstützt. Das Studium der unterschiedlichen Arten von Gesellschaften wird uns Informationen liefern über die Verwendung von Energie, die Technologie, den Verbrauch von Kalorien und fossilen Brennstoffen, die Verwendung der menschlichen Energie bei der Ausbeutung der Arbeit, den Energieverbrauch der verschiedenen Transportsysteme und über die Angriffe auf die Umwelt, die unter anderem in der allmählichen Zerstörung der Wälder, Flüsse und Meere bestehen.

Die neue Umweltwissenschaft steht einer weiteren Herausforderung gegenüber: eine neue Sicht der Geschichte hervorzubringen, in der sich die unauflösliche Einheit der sogenannten Naturgeschichte und der Geschichte der Menschheit enthüllt. Diese Herangehensweise wird die biologistische ebenso wie die anthropozentrische Konzeption in eine Krise stürzen.

Die Geschichtswissenschaft hat bis jetzt entsprechend der überholten Einteilung, nach der die Geschichte mit der Erfindung der Schrift beginnt, nur die menschliche Entwicklung untersucht. Wir wollen den Begriff der Geschichte in der Perspektive einer Dialektik der Prozesse, in der das Menschliche in Wechselwirkung mit den Naturerscheinungen steht, neu entwerfen.

Es ist ein Irrtum, die Geschichte in die Geschichte der Natur und die Geschichte der Menschheit aufzuteilen. In Wirklichkeit gibt es eine einzige Geschichte ohne Unterbrechungen, vom Ursprung der Welt bis zur Gegenwart.

Ein neues Geschichtsverständnis wird deutlich machen, daß die Geschichte der Menschheit nur ein winziger Teil der Weltgeschichte ist. Wir wollen eine neue Einteilung in historische Perioden aufstellen, die den Hauptphasen des Umweltprozesses entspricht.

Die Dimension der Zeit erlaubt es der neuen Umweltwissenschaft, das Studium der Ökosysteme um den Evolutionsprozeß zu bereichern. Der Zeitbegriff ist ebenso für die Beschreibung der biologisch-geologisch-chemischen Kreisläufe, die Untersuchung der Anpassungszeiten von Arten und des Kreislaufs des Lebens wichtig.

Die traditionelle Ökologie hat ebenso wie die „neue Ökologie" beim Studium der Ökosysteme kaum die historische Variable verwendet. Die zeitliche Variable ist wichtig für das Studium der Umwelt. Zusammen mit der Variable Raum gibt sie der Untersuchung der Ökosysteme, der Analyse ihrer Gegensätze und komplementären Bestandteile, dem ungleichen, heterogenen und kombinierten Verhalten der miteinander verknüpften und wechselwirkenden Faktoren eine neue Dimension und liefert Daten über den gesamten Prozeß, der von dem Energiefluß angetrieben wird.

Die soziale Variable — die nicht nur menschlich ist, sondern sich auch unter den Tieren ergibt, wenn sie Nahrung aufnehmen, in Beziehung zueinander treten und soziale Aktivitäten entwickeln — spielt bei der Analyse der Umwelt ebenfalls eine wichtige Rolle.

Einer der wichtigsten Gesichtspunkte ist die Abhängigkeit des Menschen, besonders was seine ökonomische Aktivität angeht, von den sogenannten Bodenschätzen und Naturreichtümern. Nach unserer Ansicht hängt die Ökonomie vom System der Böden, des Klimas, der Seen, der Art von Flora und Fauna ab.

Der Naturbegriff bei Marx

Die Untersuchung dieser Problematik führt uns dazu, die Debatte über den Naturbegriff bei Marx und bei den Ideologen des Neopositivismus wiederaufzunehmen. Für die Epigonen von Marx bedingt der ökonomische Faktor alles übrige und stellt den Schlüssel zur Erklärung der politischen und sozialen, einschließlich der kulturellen Erscheinungen dar. Diese mechanistische Konzeption wurde schon von Engels in seinen Briefen an Bloch und Starkenburg aus den Jahren 1890 und 1894 zurückgewiesen.

Im letzten, unvollendeten Teil des *Kapital* analysierte Marx die Beziehung zwischen Arbeit und Geld einerseits und den natürlichen Grundlagen wie der Erde (Landwirtschaft, Bergbau etc.) andererseits. Mehr noch: wenn Marx von Produktivkräften sprach, bezog er sich in erster Linie auf die Natur und danach erst auf die Technik und die Arbeitsorganisation. Deshalb meinen wir, daß sich Mao Tse-tung irrt, wenn er behauptet: „Die Widersprüche zwischen Gesellschaft und Natur sind mit der Methode der Entwicklung der Produktivkräfte zu lösen."[11]

Henri Lefebvre hebt das marxistische Verständnis hervor, daß die Natur die Quelle des Gebrauchswerts ist. „Die Natur ist in erster Linie die Handlungsgrundlage, das Medium, aus dem das menschliche Wesen mit all seinen biologischen, ethnischen und sonstigen Besonderheiten hervorgeht, die mit dem Klima, dem Lebensraum oder der Geschichte, dieser vermittelnden Instanz zwischen Menschheit und Natur, zusammenhängen."[12]

Die selbsternannten Marxisten konnten oder wollten den Naturbegriff bei Marx nicht verstehen. Ihre Lehrbücher über „dialektischen Materialismus" erscheinen eher als Kodifizierung einer anders gefärbten neuen Bibel denn als Exegese des wirklichen Denkens des Mannes, dessen treue Schüler sie angeblich sind. Marx und Engels entwickelten nicht nur eine globale Vorstellung von der sozialen Struktur, sondern auch von der Gesamtheit Natur-menschliche Gesellschaft. In der *Deutschen Ideologie* vertrat Marx die Ansicht: „Wir kennen nur eine einzige Wissenschaft, die Wissenschaft der Geschichte. Die Geschichte kann von zwei Seiten aus betrachtet, in die Geschichte der Natur und die Geschichte der Menschheit abgeteilt werden. Beide Seiten sind indes nicht zu trennen; solange Menschen existieren, bedingen sich die Geschichte der Natur und die Geschichte der Menschen gegenseitig. (...) Auf die Geschichte der Menschen werden wir indes einzugehen haben, da fast die ganze Ideologie sich entweder auf eine verdrehte Auffassung dieser Geschichte oder auf eine gänzliche Abstraktion von ihr reduziert. Die Ideologie selbst ist nur eine der Seiten dieser Geschichte. ... Mein Verhältnis zu meiner Umgebung ist mein Bewußtsein."[13]

In den *Ökonomisch-philosophischen Manuskripten* sagte Marx: „Das menschliche Wesen der Natur ist erst da für den gesellschaftlichen Menschen... Also die Gesellschaft ist die vollendete Wesenseinheit des Menschen mit der Natur, die wahre Resurrektion der Natur, der durchgeführte Naturalismus des Menschen und der durchgeführte Humanismus der Natur."[13]* Friedrich Engels behauptete später, daß „der Mensch selbst ein Naturprodukt ist, das sich in und mit seiner Umgebung entwickelt hat".[14]

Marx wurde in seinem Naturverständnis und seiner Kritik an Hegel von Feuerbach beeinflußt. Für Hegel leitete sich die Natur von der Idee ab. Ausgehend von den Vorstellungen Feuerbachs vertritt Marx die Priorität der Natur, aber in keiner Weise analysiert er diese äußere Realität des Menschen als einen unmittelbaren Objektivismus. Marx hält insoweit an Feuerbachs Monismus fest, „als auch für ihn Subjekt und Objekt 'Natur' sind. Zugleich überwindet er dessen abstrakt-ontologischen Charakter dadurch, daß er Natur und alles Naturbewußtsein auf den Lebensprozeß der Gesellschaft bezieht." Sein Begriff von Natur „ist zugleich undogmatisch und weitherzig genug gefaßt, um zu vermeiden, daß Natur nun ihrerseits eine metaphysische Weihe erhält oder gar zu einem letzten ontologischen Prinzip erstarrt."[15]

Die Mehrheit der sogenannten orthodoxen Marxisten versteht die Umweltfrage immer noch nicht und weiß nichts von der Existenz der ökologischen Grundlage der Wirtschaft und der menschlichen Gesellschaft allgemein.

Die Lehrbücher des „orthodoxen" dialektischen Materialismus bestehen auf der Trennung zwischen Mensch und Natur und stellen dabei jenen als Produkt der Evolution und passiven Spiegel des Naturprozesses dar. Lucio Colletti weist im Vorwort zu dem bereits zitierten Buch von Alfred Schmidt darauf hin, daß „mit Stalin und dem Stalinismus allgemein auf dieser Grundlage der Aberglaube an die unbewegliche Objektivität der historischen Gesetzmäßigkeiten entstand, die unabhängig vom Willen der Menschen wirken und sich in nichts von den Naturgesetzen unterscheiden".[16] G. L. Kline zeigt in seinem Buch *Spinoza in der sowjetischen Philosophie*, das 1952 in London erschienen ist, wie Spinozas Begriff der Substanz die Konzeption der Materie in der sowjetischen Philosophie beeinflußt hat.[16*]

Dieses Konzept basiert auf einigen Ideen, die von Engels in *Dialektik der Natur* dargestellt wurden, wie der — nach unserer Ansicht mechanistischen — Behauptung, daß die Gesetze des Denkens „aus der Natur heraus entstehen und ihre Eigenschaften wiederspiegeln"[17], eine These, die später die Grundlage für die fragwürdige „Theorie der Wiederspiegelung" von Lenin in seinem Buch *Materialismus und Empiriokritizismus* abgab.

Nach unserer Ansicht wurde der Naturbegriff nicht nur von den Epigonen des Marxismus falsch interpretiert, sondern auch und sogar vor allem von den Anhängern des philosophischen Idealismus, die die Idee vor die Materie stellen, als wenn diese nicht vor dem Menschen existiert hätte.

Der Positivismus seinerseits — auch seine gegenwärtige neopositivistische Version — hat auf der Grundlage des Fortschrittsdenkens des neunzehnten Jahrhunderts die Natur als etwas betrachtet, das vom Menschen „beherrscht" werden muß. Seine anthropozentrische Vorstellung greift auf Descartes zurück, der schon in der *Abhandlung über die Methode** sagte: Wir können die Elemente der Natur verwenden und „uns auf diese Weise zu Herren und Eigentümern der Natur machen". Diese Gier nach Herrschaft über die Natur wurde in der Industriegesellschaft immer stärker und wandelte sich zu einer Ideologie.

Der Fortschrittsbegriff war eng mit dieser Tendenz zur Beherrschung der Natur durch die „Krone der Schöpfung" verbunden. Die dauernde Plünderung der Natur hat in der zweiten Hälfte unseres Jahrhunderts begonnen, alarmierende

---

* René Descartes: *Abhandlung über die Methode des richtigen Vernunftsgebrauchs und der wissenschaftlichen Wahrheitsforschung* (1637).

Auswirkungen hervorzubringen, deren Wurzeln in der wachsenden Umweltzerstörung und der Erschöpfung der sogenannten „Naturreichtümer" liegen. Jetzt geht es, wie Saint-Marc sagt, darum, „die Herrschaft über die Natur zu beherrschen".[18]

Der Naturbegriff und die unauflösliche Beziehung zwischen Natur und menschlicher Gesellschaft — untrennbare Bestandteile dieser Gesamtheit, die die Umwelt darstellt — ist einer der wesentlichen theoretischen Aspekte, die von der neuen Umweltwissenschaft zu erhellen sind. Die Klärung dieses theoretischen Problems — und insbesondere eine neue Geschichtskonzeption, in der die Geschichte des Menschen und die Geschichte der Natur miteinander verflochten sind — wird es erlauben, eine neue Periodisierung des historischen Prozesses vorzunehmen.

Grundlagen einer Periodisierung der Geschichte der Umwelt

Ein Versuch einer Periodisierung wurde von Saint-Marc formuliert, der drei große Etappen unterscheidet: Eine, die von der Agrarrevolution bis zur Entstehung der Manufaktur reicht, die nach Ansicht des genannten Autors von der Abhängigkeit der Wirtschaft vom natürlichen Rhythmus gekennzeichnet ist; eine weitere, die mit der industriellen Revolution beginnt, in der sich die ökonomische Aktivität von den Gesetzen der Natur befreit; und schließlich die Phase der Natur, in der wir nach Ansicht des Autors leben, in der die Knappheit und Anfälligkeit des natürlichen Raums zum dramatischsten Problem für das Überleben der Menschheit geworden ist. Wir sind der Meinung, daß diese Periodisierung — wie andere auch — unzureichend ist, weil sie nur die menschliche Gesellschaft berücksichtigt und sogar, was noch schlimmer ist, nur bestimmte, einseitige Aspekte der Gesellschaft. Für eine Geschichte der Umwelt sind auch die Etappen ungeeignet, die von der traditionellen Geschichtsschreibung genannt werden, ebenso die eindimensionale Geschichtskonzeption aufeinanderfolgender Produktionsweisen. Noch weniger Gültigkeit besitzt die Einteilung in historische Perioden, die von Comte, den Neopositivisten und allgemein von den Ideologen der Theorie des „Fortschritts" aufgestellt wurde.

Trotz der Lobeshymnen des Autors der *Allgemeinen Theorie der Systeme*, Ludwig von Bertalanffy, auf Spengler und Toynbee, die er als Musterbeispiele dafür hinstellt, wie man eine umfassende und systematische Geschichte konzipieren muß, glauben wir, daß diese Autoren nicht nur die Natur unterschätzen, sondern daß ihre Herangehensweise an die menschliche Gesellschaft einseitig ist, daß sie im Fall von Spengler von der eindimensionalen These der Geburt, der Größe und des Niedergangs der Kulturen motiviert ist und bei Toynbee von seiner fragwürdigen zentralen Idee, nach der aus dem Zusammenprall der Zivilisationen immer eine höhere Religion hervorgeht.

Die Aufstellung einer Periodisierung für Lateinamerika ist ein noch komplexeres Problem, weil die historischen Studien bis vor etwa zwei Jahrzehnten von einem Konzept der Faktengeschichte gekennzeichnet waren, d.h. von der Darstellung von Schlachten, patriotischen Ereignissen, mythologisierten Helden nach Art von Carlyle, übermäßig hoch bewerteten politischen Taten, Namen von Präsidenten, die wie in einem Kaleidoskop ohne Bewertung aufeinander folgen. Es war eben eine traditionelle Geschichtsschreibung — die nicht einmal die Tugenden und die Strenge eines Ranke oder eines Mommsen besaß.

Zur Entstehung einer neuen Geschichtskonzeption in Lateinamerika kam es erst in jüngster Zeit. Man hat einige Fortschritte im globalen Studium der Gesellschaft gemacht, indem mehr Gewicht auf die großen sozialen und ökonomischen Prozesse gelegt wurde. Jedoch sind die meisten dieser

Fortschritte geprägt von einer „Entwicklungs"-Konzeption, in der das Bestreben vorherrscht, aus der historischen Beschreibung eine Rechtfertigung des Modells der Industrialisierung und der „modernen Gesellschaft" im Gegensatz zur „traditionellen Gesellschaft" zu bekommen, um es mit den Worten des hochgepriesenen Soziologen Gino Germani und seiner Anhänger in der CEPAL*-Strömung auszudrücken. Für sie existiert die Natur in dem Maße, in dem sie „Naturreichtümer" liefert, die dem industriellen „Fortschritt" dienen. In den letzten Jahren hat die ökologische Krise, die die Welt bewegt, bestimmte Autoren dieser Tendenz dazu gezwungen, die These der „Entwicklung ohne Zerstörung" aufzustellen, wobei sie mit oder ohne Absicht verbergen, daß die Zerstörung gerade das Ergebnis der Art von Entwicklung ist, für die sie erklärtermaßen eintreten.

Bei den lateinamerikanischen Forschern, die die Methode des historischen Materialismus anwenden, fehlt die Berücksichtigung der Natur ebenfalls, vielleicht aus anderen Gründen. Dieser Fehler hat sie daran gehindert, die Totalität zu erfassen, da sie das Wissen von der Umwelt zerstückeln.

Notwendig ist also eine umfassende Herangehensweise, um eine neue zeitliche Gliederung der lateinamerikanischen Geschichte aufzustellen. Das Problem besteht darin, daß jede Zeiteinteilung unterschiedliche Arten von Einseitigkeit mit sich bringt, vor allem, wenn es darum geht, die Natur und die menschliche Gesellschaft umfassend zu betrachten. Jede Einteilung in Perioden bedeutet einen chronologischen Schnitt, der den falschen Eindruck hinterläßt, daß Völker wie die Eingeborenen mit der weißen Kolonisation aufhörten zu existieren. In Wahrheit enden die Eingeborenenkulturen weder mit der spanischen Eroberung noch während der Unter-

*CEPAL, Comisión Económica para América Latina (Wirtschaftskommission der UNO für Lateinamerika)

drückung der Kreolenrepublik, sondern haben bis in die Gegenwart in ihrem Ökosystem überlebt.

Eine Geschichte der Umwelt müßte eine erste Phase vor der Ankunft des Menschen betrachten, die von der Entstehung des amerikanischen Kontinents bestimmt wurde. Diese Periode — die wir die natürliche Umwelt vor dem Erscheinen des Menschen nennen könnten — umfaßt die ersten geologischen Formationen, das Klima, die Flüsse und Seen, die Flora und Fauna bis zur Ankunft des Menschen auf dem Kontinent im späten Quartär vor annähernd hunderttausend Jahren. Dieser erste große historische Abschnitt muß in Unterperioden eingeteilt werden, deren genaue Charakterisierung von einer interdisziplinären Mannschaft von Geologen, Archäologen, Paläontologen, Biologen etc. zu leisten sein wird.

Die zweite Phase wird von den Völkern der Sammler, Fischer und Jäger eröffnet. Sie beginnt mit der Bildung der ersten Gemeinschaften in Lateinamerika und endet in einigen Regionen erst vor etwa 3000 Jahren. Diese Phase könnte man das Zeitalter der Integration des Menschen in die Natur nennen.

Die dritte Phase begann mit der neolithischen Revolution der Völker, die Ackerbau betrieben, töpferten und Metall verarbeiteten, und erreichte ihren Höhepunkt mit den Hochkulturen Amerikas: den Mayas, Inkas und Azteken. Diese Periode könnte man als die der einheimischen Hochkulturen und der beginnenden Veränderung der lateinamerikanischen Ökosysteme bezeichnen.

Die vierte Phase setzt plötzlich mit der spanischen Kolonisation ein und reicht bis zur Epoche der Industrialisierung: etwa von 1500 bis 1930. Man könnte sie den historischen Prozeß der Abhängigkeit und der Zerstörung der lateinamerikanischen Ökosysteme nennen.

Die fünfte Phase reicht vom Anfang des Prozesses der Importsubstitution in der Industrie bis in die Gegenwart; sie könnte man folgendermaßen bezeichnen: die städtische Industriegesellschaft und die Umweltkrise Lateinamerikas.

In unserer Arbeit werden wir versuchen, die wesentlichen Charakteristika jeder dieser Perioden zu entwickeln, so daß wir Informationen darüber bekommen, welche Prozesse dem Ökosystem zum Nutzen oder zum Schaden gereichten. Die ökologische Krise der Gegenwart ist das Ergebnis eines langen historischen Prozesses, den man analysieren muß, um eine Strategie auszuarbeiten, die es erlaubt, die gegenwärtige Umweltzerstörung zu überwinden.

I. Die Natur vor dem Erscheinen des Menschen

Der Prozeß der Entstehung der geologischen Formationen und des Lebens im Wasser und auf dem Land umfaßte eine tausend mal längere Zeit als die gesamte Geschichte der Menschheit. Nach der jüngsten Untersuchung von J. William Schopf, die 1978 in der Zeitschrift *Scientific American* veröffentlicht wurde, liegt der Ursprung der Welt — unserer Welt, des Planeten Erde — fast 4,6 Milliarden Jahre zurück. Das Leben ist vor etwa 3 Milliarden Jahren entstanden. Schopf vertritt die Auffassung, daß die „ersten Photosynthese betreibenden Organismen wahrscheinlich vor etwa 3 Milliarden Jahren entstanden... Die aerobe Photosynthese — mit Sauerstoff — führte zu einer Veränderung in der Umwelt, die die ganze folgende Evolution beeinflußte... Mit der Entwicklung des Stoffwechselsystems wurde die Dominanz der aeroben Organismen verstärkt, da dieses ihnen eine größere Effizienz bei der Gewinnung von Energie aus der Nahrung ermöglichte".[19]

Noch ist es nicht gelungen, das Relief der Erde im Archäozoikum oder Präkambrium genau zu bestimmen, obwohl Studien durchgeführt wurden, die zeigen, daß in dieser Phase das Hochland von Brasilien, Guayana, Afrika und Kanada entstanden ist.

Wissenschaftler der Universitäten von Wisconsin und Harvard, Stanley Tyler und Elso Darghoon, haben in der Nähe des Lake Superior in Ontario mikroskopische Reste fossiler Pflanzen in präkambrischem Gestein entdeckt. Im Kambrium gab es Lebewesen im Meer: Algen, Schwämme, Weichtiere und die ersten Gliederfüßler.

Eines der ersten Wirbeltiere wurde auf amerikanischem Boden, in Canyon City in Colorado, gefunden. Es ist über 400 Millionen Jahre alt. In den darauf folgenden hundert Millionen Jahren gab es sechs Entwicklungsstufen der Fische. Der fortgeschrittenste von ihnen war ein Fleischfresser, der in Süßwasser lebte und in Kanada gefunden wurde. Dieser Fisch besaß viele der Funktionen, die für ein Leben an Land notwendig sind. Das tierische Leben begann in dem Maße, wie sich die Arten infolge von Veränderungen ihrer genetischen Beschaffenheit und ihrer natürlichen Lebensräume verwandelten.

In der Zeit der Reptilien — die etwa 200 Millionen Jahre dauerte — teilte sich die Erde in zwei große Kontinente: Laurasien (zu dem Nordamerika, Grönland und Eurasien gehörten) und Gondwana (das Südamerika, Afrika, die Antarktis und Ozeanien umfaßte).[20] Zu Beginn des Mesozoikums, im Trias, begannen diese Kontinente, sich weiter zu teilen. Jedoch waren die Gräben, die sich geöffnet hatten, erst 90 Millionen Jahre später, in der Oberkreide, als sich die Spaltung der Kontinente vertiefte, ein Hindernis für die Bewegung der Tiere. Der Meeresspiegel stieg an, es kam zur Überschwemmung von Küsten und zur Entstehung von Binnenmeeren. In den großen Forschungszentren ist man über die Verteilung der Länder und Meere seit dem Karbon, der vierten Periode des Paläozoikums, besser informiert.

Südamerika bestand aus zwei Landmassen und einem Binnenmeer in der Region, die wir heute als Amazonasbecken kennen. „In der Jura- und Kreidezeit des Erdmittelalters stellt man in Südamerika das Vorkommen von Reptilien, vor allem der großen Dinosaurier fest."[21] Am Ende des Mesozoikums oder des Erdmittelalters erhoben sich die Küstengebirgsketten im Norden Südamerikas, und die ersten Säugetiere traten auf. Zu Beginn des Tertiärs, im Oligozän und Miozän, wölbte sich das Relief der Anden, zu einer Zeit, in der auch die Alpen, die Pyrenäen und das Himalaja-Gebirge auftauchten. Am Ende des Oligozän bildete sich das heutige Relief Venezuelas aus, und im Quartär kamen das Tuy-Tal, der Valencia-See, die zentrale Senke und die von Zulia-Falcon hinzu.

Gabriel Pons vertritt die Ansicht, daß damals „Mittelamerika nicht so aussah wie heute. Im Erdaltertum und Erdmittelalter waren wahrscheinlich Cuba, Puerto Rico, Santo Domingo und Jamaica mit Honduras und Mexiko verbunden. Später, im Tertiär und Quartär, entstand der Vulkanismus und mit ihm kam es zur Ausbildung der pazifischen Küste".[22]

Nach Meinung von Pedro Cunill „verdankt die Andenkette ihre geographische Individualität mächtigen vertikalen Bewegungen, die am Ende des Tertiärs in einem einzigartigen, zusammenhängenden Prozeß von Gebirgsbildungen verschiedene alte geographische Einheiten umfaßten. Sie entwickelten sich im Quartär unter dem Einfluß tiefgehender tektonischer Bewegungen, klimatischer Veränderungen, insbesondere der Einwirkung von Gletschern und einer großen vulkanischen Aktivität. Die Anden gehören mit ihrem Vulkanismus und ihren Erdbebenaktivitäten zum Pazifischen Feuerring, was eine große tektonische Instabilität bedeutet".[23]

Die Flora Lateinamerikas, die vor dem Menschen existierte, war bestimmend für die Art von Lebewesen, mit der es die Gemeinschaften der Ureinwohner zu tun hatten. Die Fauna war in bezug auf Lasttiere nicht sehr reich. Moderne paläontologische Studien weisen auf die Existenz einer Pferdeart hin, die später ausstarb. Auf unserem Kontinent gab es auch keine Rinder und Schafe.

Die Evolution der Flora und Fauna Lateinamerikas ist noch nicht erschöpfend erforscht worden. Nur eine gründliche Analyse könnte ermitteln, welche Phasen die Entwicklung von Flora und Fauna seit ihrer Entstehung bis zum Erscheinen des Menschen durchlaufen hat, welche Arten ausgestorben und welche neuen hinzugekommen sind. Dieses Studium könnte zeigen, daß die lateinamerikanischen Ökosysteme nicht ein für allemal entstanden sind, sondern im Lauf der Geschichte grundlegende Veränderungen erfahren haben.

Der Mensch entstand als Zweig des Stamms der Primaten, wahrscheinlich auf dem alten Kontinent Gondwana. In der von uns zitierten Arbeit von Björn Kurtén wird die Ansicht vertreten, ein Primat, der im Oligozän in Afrika lebte, könne eng mit der Linie der Evolution des Menschen verwandt gewesen sein. Einer der ersten Primaten war vor etwa 135 Millionen Jahren aufgetaucht. Er lebte auf Bäumen. Später ermöglichte die klimatische Veränderung durch die erste Eiszeit, daß bestimmte Primaten in die Ebenen vordrangen. Durch die Verbindung von Händen, Augen und Gehirn und dem aufrechten Gang wurde der Mensch allen übrigen Tieren überlegen. Es waren Millionen Jahre nötig, um die biologischen Bedingungen zu schaffen, die die Entstehung der ersten Vorgänger des Menschen ermöglichten. Erich Fromm ist der Ansicht, daß der älteste Hominide — Ramapithecus — vor etwa 14 Millionen Jahren im heutigen Indien lebte.[24]

Der Mensch, der vor etwa 2 Millionen Jahren auftrat, verband allmählich seine Phase des „Homo ludens" mit der des „Homo faber" und des „Homo sapiens", bis er schließlich zu einem Wesen wurde, das seit mehreren hunderttausend Jahren biologisch keine wesentlichen Veränderungen mehr erfahren hat. Seine Verwandlungen erstreckten sich auf soziale, nicht auf biologische Prozesse.

Der Mensch, das Ergebnis der Evolution eines Zweigs der Primaten, war mit spezialisierten Organen wie der Hand mit freibeweglichem und den anderen Fingern gegenüberliegendem Daumen und einem nervlichen und psychischen System ausgestattet, die ihm die Herstellung von Hilfsmitteln und Arbeitswerkzeugen erlaubten. Neben der Entwicklung der Sprache ermöglichte dies das Überleben des Menschen in der Umwelt. Wie Mandel sagt, sind „die Arbeit, die gesellschaftliche Organisation, die Sprache, das Bewußtsein... somit die dem Menschen eigenen, voneinander untrennbaren und sich wechselseitig bedingenden Merkmale".[25]

Die vom Menschen hergestellten Arbeitsgeräte oder Werkzeuge sind so bedeutend, daß danach historische Phasen festgelegt wurden, die als Steinzeit, Bronzezeit und Eisenzeit bezeichnet werden, wobei wir allerdings der Meinung sind, daß diese Klassifizierung, die 1836 von Christian Thomsen ausgearbeitet wurde, die verschiedenen Etappen des Entwicklungsprozesses der Gesellschaften der Ureinwohner nicht in ihrer ganzen Vielfalt und Komplexität erfassen kann. Der bedeutende Wandel, der sich mit dem Übergang von Sammlervölkern zu Völkern von Hirten, Bauern, Töpfern und Verarbeitern von Metallen vollzog, was eine wirkliche Revolution darstellte, wird von dieser Klassifikation nicht angemessen berücksichtigt. Der Übergang vom Paläolithikum zum Neolithikum wird nicht nur von den Fortschritten bei der Bearbeitung des Steins bestimmt, wie sein Name nahelegen könnte, sondern grundlegend von der Agrartechnik, der Domestizierung von Tieren, der Erfindung der Herstellung von Keramik und der Metallbearbeitung.

Die Forschungen von Morgan, bereichert von Friedrich Engels, stellten einen großen Fortschritt für das Verständnis der Kulturen der Ureinwohner dar, aber die Terminologie, die zur Klassifizierung der kulturellen Entwicklungsstadien verwendet wurde, entsprach nicht dem Inhalt der grundlegenden Veränderungen. Die Klassifikation in Wildheit, Barbarei und Zivilisation mit den jeweiligen Unter-, Mittel und Oberstadien ist typisch für das Denken des neunzehnten Jahrhunderts, das auf dem „Fortschrittsgedanken" beruhte und eine eindimensionale Entwicklung voraussetzte, die es in dem heterogenen, widersprüchlichen, ungleichen und kombinierten Verlauf der Geschichte nicht gibt.

II. Das Zeitalter der Integration des Menschen in die Natur

Charakteristisch für dieses Zeitalter, das mehr als 99% der Geschichte der Menschheit umfaßt, ist die Integration der Sammler-, Fischer- und Jägervölker in die Natur. Diese ersten Menschen paßten sich der Umwelt an, ohne die Selbstregulierung des Systems zu beeinträchtigen. Weder Urwälder noch Pflanzen wurden massiv zerstört. Die Menschen rotteten die Tierarten nicht aus, sondern verbrauchten nur so viele Tiere, wie es zum Überleben unerläßlich war. Ihre Ernährung beruhte auf dem, was ihnen die Umwelt bot. Sie waren zur Entwicklung einer Technologie fähig, die von den modernen Wissenschaftlern noch nicht gebührend untersucht worden ist. Sie hatten andere Werte und eine andere Ethik gegenüber der Natur als spätere Gesellschaften.

Wir haben weder die Absicht, diese Sammlervölker zu idealisieren, noch ein Bild reinster Harmonie zwischen diesen Menschen und der Natur zu entwerfen. Wir wollen nur aufzeigen, daß der Mensch in dieser Phase der Geschichte eine bessere Integration in das Ökosystem erreichte als in späteren Etappen. Ein Autor der Zeitschrift *The Ecologist* zieht eine interessante Schlußfolgerung in bezug auf das Leben in dieser Sammlerperiode: „Wenn sich die menschlichen Gesellschaften über einen Zeitraum von 99.75% ihrer Existenz auf diesem Planeten als integraler Bestandteil unserer Ökosphäre verhielten (vor der Erfindung der Landwirtschaft vor 10 000 Jahren und der Industrie vor mehr als 150 Jahren), ist es dann nicht vernünftig, zu behaupten, daß dieses Verhalten nicht gesetzmäßig ist?"[26]

Die Sammlerperiode stellt 95% der Geschichte des amerikanischen Menschen dar, da sie vor etwa hunderttausend Jahren begann und dreitausend Jahre vor unserer Zeit endete. Später, in der Phase der Landwirtschaft und Töpferei, in der

Zeit der spanischen Kolonie und der Republik, überlebten einige dieser Sammler-, Fischer und Jägervölker, wenn auch dezimiert und von den weißen Kolonisatoren diskriminiert. Daher wollen wir, wenn wir von einer Sammlerperiode bis zum Jahr 3000 v. Chr. sprechen, damit nicht sagen, daß die Entwicklung dieser Kultur zu diesem Datum definitiv abgeschnitten worden wäre. Es geht uns nur darum, festzustellen, daß der genannte Zeitraum ihr Höhepunkt war.

Für die Forscher, die die Fakten des politischen und religiösen Überbaus betonen, die die Geschichte als eine kaleidoskopische Abfolge des Aufstiegs und Falls von Königen, Stammbäumen und götterartigen Helden sehen, ist die sogenannte „Prähistorie" ein pittoresker Abschnitt, der aber für die Entwicklung der Menschheit zweitrangig war.

Mehr als 2 Millionen Jahre menschlichen Lebens in völliger Integration in die Natur, als die Menschen ihre Nahrung aus der Umwelt bezogen, eine eigene Technologie schufen, die ihren Bedürfnissen entsprach, als sie Werkzeuge herstellten und Erfindungen wie die Herstellung von Keramik machten, Techniken des Anbaus von Pflanzen und Methoden zur Zähmung von Tieren entdeckten, weisen für die traditionelle Geschichtsschreibung bloß handwerkliche Arbeiten auf, die man nicht mit der Entdeckung der geschriebenen Sprache vergleichen könne. So wird die „Prähistorie" als eine Epoche dargestellt, die getrennt von dem Entwicklungsprozeß der Menschheit zu sehen ist. Die Vorsilbe wurde scheinbar verwendet, um zu suggerieren, daß die „Prähistorie" eine Etappe der Vorbereitung auf den Eintritt in die Geschichte war.

Die menschliche Aktivität begann in Amerika Hunderttausende von Jahren später als auf anderen Kontinenten. Bis vor einigen Jahrzehnten glaubte man, daß die Frühzeit des Menschen in Amerika nicht weiter als 20000 Jahre zurückreichte. Spätere Untersuchungen erhöhten diese Zahl auf mehr als 40000 Jahre. In Lewisville wurden mit der Carbon-14-

Methode* Beweise für die Existenz von Menschen vor 37 000 Jahren vor unserer Zeit erbracht. Dr. Müller-Beck hat die Ansicht vertreten, daß die Einwanderung des ersten Menschen über die Beringstraße vor über 100 000 Jahren stattgefunden haben könnte.

Die Mehrheit der Forscher hat sich für die These entschieden, daß die ersten Menschen, die amerikanischen Boden betraten, aus Asien kamen, nicht über den Pazifischen Ozean, wie Paul Rivet behauptete, sondern über die Bering-Straße. Jedoch ist die Möglichkeit nicht endgültig auszuschließen, daß spätere Einwanderer aus der australischen und polynesischen Region kamen. In jüngster Zeit haben Untersuchungen bewiesen, daß antike Seefahrer, die von den starken Strömungen des Nordpazifiks nach Amerika abgetrieben worden waren, vor 5 000 Jahren, Träger einer fortgeschrittenen Kultur mit dem Namen „Jomon" von der Insel Kyushu südlich von Japan gekommen waren. Ihr Einfluß konnte in der Keramik an der Küste von Ekuador festgestellt werden. Ähnliche Überreste, die im Norden von Kolumbien (Puerto Hormiga, Barlovento), in Mittelamerika und an der Nordküste von Peru gefunden wurden, zeigen eine mögliche Ausstrahlung japanischer Kultur von Jomon längs der Pazifikküste auf.

Verschiedene amerikanische Völker machten ein Entwicklungsstadium durch, das der späteren Altsteinzeit in Europa ähnelte. Aber „noch diskutiert oder leugnet man die Existenz von handwerklichen Fabrikationen älteren Typs in Amerika, vergleichbar mit denen der früheren oder mittleren Altsteinzeit in der Alten Welt. Nichtsdestoweniger wurden schon verschiedene Schichten gefunden, in denen ein Fabrikationsmaterial zum Vorschein kam, das wir unmittelbar mit einer der dortigen Mustrien-Kulturen primitiven Typs vergleichen können."[28]

* Auch Radio-Karbon-Methode genannt, ein Verfahren zur Altersbestimmung organischer Materialien. Basiert auf dem radioaktiven Zerfall des natürlich vorkommenden Kohlenstoff-Isotops C-14.

Dick Ibarra meint, daß die südamerikanische Altsteinzeit, die ihren Ausdruck in Werkzeugen findet, die mit Schlägen und Druck bearbeitet wurden, über 20 000 Jahre zurückliegen könnte. Nach Ansicht von Osvaldo Menghin war das Zeitalter der Kulturen der Altsteinzeit Amerikas am Ende der letzten Eiszeit und am Beginn der Nacheiszeit (Holozän): „Die Kulturen der protolithischen Morphologie (oder der frühen Steinzeit) stellen das archäologische Erbe früher Jäger und Sammler dar... Diesen Kulturbereich kann man kurz als Geröll- und Knochenkultur bezeichnen. In Nordamerika reichen Kulturen dieser Art zumindest bis zum Beginn der letzten Eiszeit zurück. Die ältesten Funde dieser Art in Südamerika wurden in der Eberhardt-Höhle (im Süden Chiles) gemacht. Sie führen zu der Annahme, daß der Mensch dort im zehnten Jahrtausend v. Chr. lebte."[29]

Cruxent schätzt, daß die ersten Menschen im Gebiet des heutigen Venezuela und des Nordosten Südamerikas vor etwa zwölf- oder fünfzehntausend Jahren lebten. Zuletzt hat Dr. Eduardo Jahn behauptet, daß die Existenz von Menschen in Guayana vor 10 000 Jahren bewiesen ist, und daß vielleicht schon vor 20 000 Jahren die ersten Menschen den Boden des heutigen Bundesstaats Falcon von Venezuela betraten.[30]

Die ersten Völker Amerikas waren wie in anderen Gegenden der Welt Sammler, Fischer und Jäger. Das Feuer, dessen Entdeckung dem Menschen eine zunehmende Kontrolle der Energie ermöglichte, diente nicht nur zum Zubereiten von Nahrung, sondern auch zur Herstellung von Werkzeugen. Die Erfordernisse des Sammelns, der Jagd und des Fischfangs zwangen den Menschen, Arbeitsgeräte und später Werkzeuge zur Herstellung neuer Arbeitsgeräte zu fabrizieren. Man verwendete nicht nur den Stein, wie der Begriff Altsteinzeit irrtümlich nahelegen könnte, sondern gebrauchte auch Knochen, Elfenbein und harte Hölzer zur Herstellung von Harpunen, Meißeln, Sticheln und Angelhaken.

Die Technologie der Sammler-, Fischer- und Jägervölker wurde nicht gebührend berücksichtigt. Die Forscher haben den Völkern, die Ackerbau und Töpferei betrieben, größere Bedeutung beigemessen und die Kreativität dieser Kulturen unterschätzt, die mehr als 95% der menschlichen Geschichte unseres Kontinents bestimmten. Man hat den Wert der Bearbeitung von Stein, Holz und Knochen, die häufig das Niveau von reinem Kunsthandwerk erreichte, nicht richtig eingeschätzt. Einige der heutigen Völker von Ureinwohnern, denen es gelungen ist, trotz der Kolonisation durch die Weißen zu überleben, bewahren diese Fähigkeit zur Bearbeitung des Steins. Es gelingt ihnen, perfekte Steinsplitter mit einem einzigen Schlag abzuhauen, mit einer Technik, die manchen Künstler der sogenannten westlichen Zivilisation mit Neid erfüllen würde.

In Venezuela wurden durch direkte Zertrümmerung große, zweischneidige Steinwerkzeuge für die Jagd hergestellt. Man hat auch andere Werkzeuge gefunden, die „mit Steinsplittern gemacht wurden, z.B. stromlinienförmige Raspeln oder scharf geschliffene Splitter, die sowohl für die Bearbeitung von Holz oder Knochen als auch als Messer zum Abhäuten oder Zerlegen von Tieren verwendet werden konnten... Neben den roh bearbeiteten, zweischneidigen Werkzeugen kann man eine Reihe von besser bearbeiteten Werkzeugen für spezifischere Anwendungen unterscheiden, wie z.B. blattartige Spitzen, Doppelspitzen, die manchmal eine gezähnte Schneide aufweisen und schön bearbeitet sind, zweischneidige, plankonvexe Klingen, stielförmige Spitzen usw."[31]

Cruxent lokalisiert diesen Entwicklungsprozeß im Gebiet von Las Lagunas, das vor mehr als 12 000 Jahren, am Ende des Pleistozäns, bewohnt wurde. Die neuen Jagdtechniken entstanden wohl im Gebiet El Jobo. „Zwischen 10 000 und 8 000 Jahre v. Chr. beginnt die Paläofauna, die für die früheren Perioden kennzeichnend war, auszusterben, aber die Projektilspitzen und die neuen Methoden ihrer Verwendung bedeuten einen Bruch mit der alten Lebensart. Zuvor lebten die Jäger möglicherweise innerhalb von beschränkten ökologischen Nischen, die ihre Jagdaktivität auf die kleinen Säugetiere beschränkten."[32] Die Technologie dieser Völker ist so bemerkenswert, daß die Steine, die die Ureinwohner von Guayana vor 9 000 Jahren herstellten, in der Gegenwart nicht reproduziert werden konnten, besonders „die Lanze mit einer gut bearbeiteten, in allen Farben leuchtenden Jaspisspitze."[33]

In diesem frühen Zeitalter gab es bei der Mehrheit der lateinamerikanischen Ureinwohner schon eine gewisse Art von sozialer Organisation für die Jagd und den Fischfang. Die Männer schlossen sich für die kollektive Jagd und die gemeinsame Herstellung der Ausrüstung und Werkzeuge zusammen.

Die Völker des Andengebiets jagten Guanakos, Lamas, Alpakas und andere Tiere. Die Guanakos lieferten Häute für die Kleidung, Knochen für die Herstellung von Werkzeugen und Fleisch für die Ernährung. Die Völker der Küsten Lateinamerikas waren Fischer, Muscheltaucher, fingen Weichtiere, Krustentiere etc. Das Studium dieser Völker konnte dank der Entdeckung von Schalenhügeln durchgeführt werden, die durch die Anhäufung der Schalen von Weichtieren gebildet worden waren. An der chilenischen Küste in Pisagua wurden Schalenhügel mit einer Höhe von bis zu fünf Metern gefunden, die im Lauf der Jahrhunderte gebildet worden waren. Dort hat man Waffen, Geräte und andere Materialreste gefunden, deren Klassifizierung sehr sorgfältig vorgenommen werden muß, da sich in demselben Schalenhügel die vermengten Überreste verschiedener kultureller Stadien befinden. Die Untersuchung dieser Schalenhügel, die von Latcham, Uhle und vor allem von Augusto Capdeville (Taltal, 1914) und Junius Bird begonnen wurde, zeigt verschiedene Etappen in der Entwicklung der „Fischervölker", wie sie Uhle nannte. Für ihre Kultur waren die Angelhaken aus Muschelschalen charakteristisch: sie stellten Werkzeuge mit vom Wasser abgerundeten Steinen her und fertigten Angelhaken aus den Schalen von Miesmuscheln.

Das Sammeln von Muscheln war für die Fischervölker die wichtigste Form der Sicherung ihres Lebensunterhalts. Bei ihrer Ernährung kombinierten sie Muscheln und Fische mit pflanzlichen Produkten. Muschelsammler haben in Venezuela schon um 4 000 v. Chr. gelebt. Sie verwendeten Steine, Muschelschalen und Knochen, um die Werkzeuge herzustellen, die sie bei ihrer Technik des Fischfangs verwendeten. Später „beobachtet man einen weitgehenden Ersatz von Steinen und Knochen durch Muschelschalen als Rohmaterial, eine Veränderung, die wahrscheinlich durch die Entstehung neuer technologischer Erfordernisse nahegelegt wurde."[34] Bis 1 000 v. Chr. hatten die Fischer der heutigen Küsten Venezuelas eine bedeutende soziale Organisation für die Fischerei, eine Tatsache, die durch das Vorhandensein von Knochen großer Meerestiere, z.B. von Meeresschildkröten, aus dieser Zeit belegt wurde.

Die Völker der Sammler, Fischer und Jäger lichteten noch nicht die Urwälder, verseuchten nicht das Wasser und fällten oder verbrannten auch nicht in großem Umfang Pflanzen. Ihre Existenz war in das Ökosystem integriert, sie paßten sich dem natürlichen Prozeß an. Sie beeinträchtigten die pflanzliche Biomasse nicht. Die Jagd führte nicht zur Ausrottung der Arten. Das Sammeln von Früchten und anderen Pflanzen bewirkte keine ökologischen Ungleichgewichte.

Diese Völker verbrauchten viel weniger, als sie von der Natur bekommen konnten. Nach Angaben eines Autors der Zeitschrift *The Ecologist* „kann man für die überlebenden Jägergesellschaften wie die Buschmänner in der Kalahari annehmen, daß sie weniger als ein Drittel der Lebensmittel verbrauchten, die zur Verfügung standen... Das Überleben solcher Gesellschaften war mit dem Fortbestand der Ökosysteme vereinbar, zu dem sie beitrugen, indem sie verschiedene ökologische Funktionen erfüllten. Nehmen wir z.B. die Indianer der Ebenen Nordamerikas, die von gewaltigen Bisonherden lebten. Sie griffen die Hauptherde nicht an, was ein gefährliches Unternehmen gewesen wäre, sondern töteten die Verirrten, Alten und Schwachen und übten so eher eine quantitative und qualitative Kontrolle über diese Tiere aus."[35]

Wenn das Sammeln von Früchten und die Jagd schließlich doch einmal das ökologische Gleichgewicht beeinträchtigten, war der Schaden schnell zu beheben, da diese Nomadenvölker die Gegend verließen und damit den Prozeß der Selbstregulierung des Ökosystems erleichterten. Die Sammler plünderten die Natur nicht aus, um große Vorräte an Lebensmitteln zu lagern, wie es später andere Kulturen taten. Es geht nicht darum, das Verhalten der Sammler-, Fischer- und Jägervölker zu idealisieren. Der Mensch war immer ein Faktor, der die Natur verändert hat, aber die historische Analyse zeigt, daß es in der Phase der Sammlervölker keine Handlungen von Menschen gab, die irreparable ökologische Veränderungen verursachten.

Es wurde die Vorstellung verbreitet, daß der Jäger und Sammler aggressiv war,[36] wobei argumentiert wurde, die Knappheit an Lebensmitteln habe diese Art von Verhalten hervorgerufen. Am wahrscheinlichsten ist es jedoch, daß diese Völker keine großen Hungersnöte erlebten. Es gab weniger Einwohner, die über eine Natur verfügten, die Früchte, Pflanzen und Tiere in ausreichender Menge lieferte.

Verschiedene Autoren meinen, daß der innere Energieverbrauch, d.h. die durch die Nahrung verbrauchte Energie, bei 2 000 Kilokalorien (kcal) pro Tag lag. Ihr äußerer Energieverbrauch betrug nur 1 000 bis 2 000 kcal (hauptsächlich Feuer zum Kochen, Aufwärmen etc.), ein Wert, der äußerst niedrig liegt im Vergleich mit den 150 000 oder 200 000 kcal pro Tag, die der Mensch der hochindustrialisierten Länder an äußerer Energie verbraucht.

Mit den Erfordernissen der Jagd und des Fischfangs entstand eine Art von Zusammenarbeit, sowohl beim Sammeln als auch bei der Verteilung von Lebensmitteln. Die Arbeitsanreize bestanden nicht wie in der heutigen Gesellschaft im

Bestreben nach materiellen oder ökonomischen Gewinnen. Der Mensch war nicht darauf aus, seine individuellen Interessen durch Aneignung materieller Güter zu wahren, sondern soziales Wohlwollen zu erfahren.[37]

Nach den Untersuchungen von Redfield über diese Kulturen der Ureinwohner „stellen sich die Ziele nicht als Fragen der Doktrin dar, sondern drücken sich implizit in den zahlreichen Handlungen aus, die zum Leben gehören, das in der Gesellschaft vor sich geht... Die Menschen sind insofern homogen, als sie dieselbe Tradition teilen und dieselbe Auffassung darüber haben, was man unter einem guten Leben verstehen soll. Sie leisten die gleiche Art von Arbeit und die gleichen Kulthandlungen, heiraten, empfinden Scham und Stolz in der gleichen Weise und unter ähnlichen Umständen... Die Menschen handeln nicht so, weil es irgendjemandem in den Sinn gekommen wäre oder weil irgendjemand es ihnen befohlen hätte, sondern weil es ihnen sich aus der Notwendigkeit der Existenz selbst heraus zu ergeben scheint, daß sie so handeln müssen... Die Angehörigen der vorzivilisatorischen Gemeinschaft haben einen starken Sinn für Gruppensolidarität... In der Gemeinschaft gab es keine Vollzeitspezialisten. Insgesamt gesehen teilten alle Menschen das gleiche grundlegende Wissen, wandten die gleichen Lebenskünste an, hatten die gleichen Interessen und ähnliche Erfahrungen... Männer und Frauen werden als Personen gesehen, nicht als Teile von mechanischen Vorgängen, wie Stadtmenschen viele um sich herum betrachten. In der Tat ist die Bereitschaft, das, was um einen herum ist, als etwas Menschliches oder Persönliches wie man selbst zu sehen, in der vorzivilisierten oder primitiven Gesellschaft nicht auf Menschen beschränkt; einen großen Teil von dem, was wir 'Natur' nennen, wird auf dieselbe Art betrachtet."[38]

In diesem Zeitalter gab es weder Sklaverei noch dauernde Eroberungskriege. Es gab bei der Plünderung einer Gemeinschaft von Sammlervölkern nicht viel zu erobern. Fromm sagt, daß „die Kriegslust um so geringer ist, je ausgewogener das Gleichgewicht der verschiedenen Gruppen und das Gleichgewicht zwischen der Gruppe und ihrer physischen Umgebung ist".[39]

Bei den überlebenden Sammlervölkern beobachtet man eine stark ausgeprägte Großzügigkeit. Sie geben alles, was sie haben, und lehnen jede Knauserei ab. Einschränkungen gibt es nur in bezug auf die Obstbäume. Auf jeden Fall verteilt eine Familie einen Teil ihres Obstes, wenn sie mehr hat als andere. Es gab weder ständige Anführer noch einen Staat. Anweisungen gab der Weiseste und Älteste, was, wie Fromm sagt, zeigt, daß das menschliche Wesen nicht genetisch für die Herrschaftspsychologie prädestiniert war.

III. Die Hochkulturen der Ureinwohner und der Beginn der Veränderung der Ökosysteme

Der Übergang von der Sammler- zur Agrargesellschaft, der in Europa und Asien um 10 000 v. Chr. und in Amerika etwa um 4 000 v. Chr. stattfand, bedeutete den Beginn der Veränderung der Ökosysteme. Die „neolithische Revolution" oder „die Revolution der Lebensmittelproduktion", wie V. Gordon Childe sagt,[39*] hatte eine bedeutende Auswirkung auf die Erzeugung und den Verbrauch von Energie.

Zum ersten Mal in der Geschichte führte der Mensch wesentliche Veränderungen in den Energieflüssen ein. Der Beginn der landwirtschaftlichen Produktion erlaubte eine gewisse Kontrolle der Umwandlung von Energie. Der Mensch begann eine, wenn auch begrenzte, Herrschaft über die Nahrungsketten auszuüben, indem er durch die Domestizierung von Tieren die sekundären Verbraucher vermehrte. Der Verbrauch an Stoffwechselenergie war in dieser Epoche noch gering. Aber die Entwicklung der Gemeinschaften, die Landwirtschaft und Töpferei betrieben, bedeutete eine Zunahme der Nachfrage nach Lebensmitteln. Der Mensch entdeckte, daß er durch den landwirtschaftlichen Prozeß und die Domestizierung von Tieren „Stoffwechselenergie speichern"[40] konnte.

In dieser Anfangszeit des Prozesses der Kontrolle der Energie verwendeten die Kulturen der Eingeborenen als Hauptenergiequellen Brennholz, Geräte zur Ausnutzung des Windes, tierischer und menschlicher Energie und vor allem die künstliche Bewässerung, die eine der ersten Nutzungen einer Energiequelle, die nicht mit dem Stoffwechsel zusammenhing, darstellte. Alle diese Energiequellen wurden für das landwirtschaftliche System eingesetzt.

Die Landwirtschaft und Töpferei betreibenden lateinamerikanischen Völker hatten eine ausgeglichene Ernährung, in der sie Proteine von Fischen, Lamas, Guanakos und anderen Tieren mit Kohlehydraten z.B. aus der Yucca und der Kartoffel kombinierten. Der Mais, die Nahrungsgrundlage der Mehrzahl der Kulturen der Eingeborenen Lateinamerikas, war allein schon fast eine komplette Ernährung. Unsere Völker hatten bis zur Ankunft der spanischen Eroberer kein zur Herstellung von Brot geeignetes Getreide wie Weizen. Sie verfügten auch nicht über Milch, da sie keine Rinder oder Schafe besaßen. Das Fehlen von Pferden und Ochsen verhinderte eine Anwendung tierischer Energie in größerem Umfang.

Die ökologischen Veränderungen, die von den früheren Sammlervölkern bewirkt wurden, „waren geringfügig, wenn wir sie mit denen vergleichen, die von dem Menschen und seinen Haustieren verursacht wurden, sobald die landwirtschaftliche Revolution begonnen hatte. Überweidung und Abholzung sind z.B. wenigstens teilweise für die Entstehung von Wüsten in großen Teilen Nordafrikas und die Ausdehnung der großen Thar-Wüste im Westen Indiens verantwortlich. Durch die intensive forstwirtschaftliche Nutzung und die Rodungen für die Landwirtschaft wurden viele Flußgebiete Chinas kahl, was zu zerstörerischen Überflutungen durch seine Flüsse führte. In ähnlicher Weise veränderte der vorindustrielle Mensch im heutigen Gebiet der Vereinigten Staaten die Landschaft sehr stark... Die landwirtschaftlichen Praktiken haben die Tendenz, komplexe Ökosysteme zu vernichten und sie durch einfachere zu ersetzen. Gemeinschaften von Wäldern und Wiesen, zu denen viele verschiedene Arten von Pflanzen und Tieren gehören, werden durch Monokultur-Felder ersetzt, in denen der Mensch für den Ausschluß anderer Pflanzen und Tiere sorgt."[41]

Mit dem Ziel, eine historische Rekonstruktion des Ausmaßes der Entwaldung durch die neolithischen Völker zu erstellen, führte Johannes Iversen eine Untersuchung in einem Wald in Dänemark durch. Die archäologischen Überreste befanden sich neben Pollen, die ein bemerkenswertes „Hilfsmittel für die Datierung sind, das die Identifizierung jeder Periode durch die vorherrschende Vegetation ermöglicht. Die Daten, die das Studium des Pollens durch die Ökologen liefert", erlaubten, einige wichtige Schlußfolgerungen zu ziehen. Die Agrarvölker begannen mit dem Fällen von Bäumen und erzeugten Lücken im Wald. Die Forscher fanden heraus, daß „der Baumpollen in bestimmten Regionen rapide abnimmt und fanden an diesen Stellen eine sprunghafte Zunahme der Pollen von Krautpflanzen und das Auftreten von Getreide und neuen Unkräutern, besonders dem Wegerich, einer Pflanze, die von den Indianern Nordamerikas als 'Spur des weißen Mannes' bezeichnet wird. Sehr bald gab es eine neue Entwicklung von Baumarten, die typischerweise auf das Roden des Waldes folgen, wie die Weide, die Espe und die Birke. Das Vorkommen der Birke unterstützt nachdrücklich die Vorstellung, daß der Mensch zur Beseitigung des Waldes das Feuer zu Hilfe nahm, denn auf dem fruchtbaren Boden folgen die Birken nur nach Bränden auf einen Eichenmischwald. Unterdessen erfuhr die Entwicklung der Flora einen radikalen und bedeutenden Wandel. Es dominierten nun Süßgräser, weißer Klee, der kleine Sauerampfer, Skabiosen und andere Wiesenpflanzen. Wir können uns das Weiden des Viehs und das Abäsen auf großen Kräuterwiesen, die von niedrigen Birkenwäldern und Haselnußsträuchern begrenzt sind, vorstellen. Schließlich kommt eine dritte Phase. Die Süßgräser, Birken und Haselnußsträucher gehen zurück, und erneut herrscht ein Wald mit großen Bäumen vor. Die Eichen sind nun zahlreicher als zuvor, aber die Ulme und die Linde erreichen nie wieder die Stärke, die sie im primitiven Wald hatten. All diese Sachverhalte zeigen, daß der Mensch ausgedehnte, ursprüngliche Waldgebiete mit Äxten und Bränden abholzte, um so gerodete Flächen zu bekommen, wo er kleine Getreidefelder anlegte und den Rest als Viehweiden benutzte. Seine Kolonisation war von kurzer Dauer, da er seine Entwaldungsaktionen an anderen geeigneten Stellen wiederaufnahm, wenn der Wald sich später wieder ausbreitete. Wie sich aus der Information, die der Pollen liefert, ergibt, könnten einige seiner Ansiedlungen knappe fünfzig Jahre bestanden haben. Dies ist nun eine klare und geordnete Theorie, aber es gibt einige schwierige Aspekte... Die Menschen des Neolithikums hätten unter Einsatz ihrer Feuersteinäxte ohne große Schwierigkeiten ausgedehnte Lücken in den Wäldern schaffen können."[42]

In Lateinamerika kann man zwei Phasen des Neolithikums unterscheiden: eine von etwa 4 000 vor unserer Zeitrechnung bis zum Jahr 1 000, in der es zu den ersten Fortschritten in der Landwirtschaft und der Keramik kommt, und eine weitere von 1 000 bis 1 500 n. Chr., in der in einigen Regionen des Kontinents ein höheres Stadium der Landwirtschaft, Töpferei und Metallverarbeitung erreicht wird, besonders in den Kulturen der Mayas, Inkas und Azteken.

Die Form des Übergangs von der Periode der Sammler zur Phase der Landwirtschaft und Töpferei ist unbekannt. Einige Autoren behaupten, daß dieser Prozeß nicht das Ergebnis einer inneren Entwicklung war, sondern durch den Einfluß von Kulturen, die von außen kamen, hervorgerufen wurde. Wie wir im vorigen Kapitel aufgezeigt haben, haben verschiedene Forscher bewiesen, daß antike japanische Seefahrer, die von den starken Strömungen des Nordpazifik nach Amerika abgetrieben worden waren, vor mehr als 5 000 Jahren Träger der fortgeschrittenen Jomon-Kultur waren.

Die Anhänger der Theorie einer Einflußnahme von außen und die der Theorie einer inneren Entwicklung versuchten, den Prozeß der Erfindungen und Entdeckungen zu interpretieren. Erstere, insbesondere die der englischen Schule, behaupten, daß die Erfindungen auf einmal stattfanden und sich von einem einzigen Zentrum ausbreiteten. Die „Evolutionisten" dagegen meinen, daß jedes Volk unabhängig die grundlegenden Entdeckungen und Erfindungen verwirklicht hat, indem es ihm gelang, eine eigene Technologie hervorzubringen. Obwohl beide Theorien einseitig sind, konnten die Anhänger der Theorie des Einflusses von außen beweisen, daß viele Erfindungen vom Nord- und Südpazifik nach Amerika kamen.

Die wichtigsten Fortschritte dieser historischen Phase waren der Ackerbau, die Domestizierung von Tieren, die Herstellung von Töpfereiprodukten und die Bearbeitung von Metallen.

Der Ackerbau war einer der ersten signifikanten Eingriffe des Menschen in die Ökosysteme. Die Vorgänge des Säens und Erntens führten zu empfindlichen Veränderungen in der Umwelt. Im Vorwort zu dem Buch *Die Energie*, das von der Redaktionsgruppe des *Scientific American* stammt, wird dargestellt, daß die landwirtschaftliche Revolution im Grunde darin bestand, daß „die menschlichen Gemeinschaften die große Vielfalt und Leistungsfähigkeit der natürlichen Gemeinschaften verringerten, um Sonnenenergie in tierischen Geweben und eßbaren Pflanzen, die für den Menschen nützlich waren, zu speichern. Tag für Tag und von Jahreszeit zu Jahreszeit blieben die Zufuhr und der Abfluß von Energie im Gleichgewicht, aber die vitalen Vorgänge hatten einen immer geringeren Anteil an diesem Fluß... Das Anlegen von Pflanzenkulturen und die Züchtung von Haustieren waren die beiden wichtigsten Formen der Ausnutzung der Energie, die bei der Produktion primärer Pflanzen kontinuierlich gespeichert wird, durch den Menschen. Die Manipulation dieser gespeicherten Energie und der Nahrungsketten, denen sie zu Grunde liegt, die der Mensch durch den Ackerbau betrieb, erlaubte es ihm, über die reine Subsistenz hinauszugehen, die ihm die Jagd und das Sammeln ermöglichten."[43]

Die Änderung der Ernährung war eines der bedeutendsten Ereignisse dieser Periode. „Die Beherrschung der Nahrungsketten", sagt Carcavallo, „stellte den großen Grenzstein dar, der den wandernden Jäger vom Bauern trennte."[44] Verschiedene Untersuchungen beweisen, daß die Ernährung der

Landwirtschaft und Töpferei betreibenden Gemeinschaften ausgeglichen und besser als die der nachfolgenden Gesellschaften war. Robert Braidwood vertritt die Ansicht, daß die Bauernvölker, die in Jarmo (Irak) untersucht wurden, „eine abwechslungsreiche, angemessene und ausgewogene Nahrung genossen, die womöglich besser war als die der Völker, die heute in dieser Gegend leben. Die Zähne der Menschen, die Jarmo in dieser Epoche bewohnten, zeigen regelmäßige Kauflächen, ohne kleine Brüche im Schmelz. Anscheinend erhielt ihre Nahrung dank der Verwendung von Mühlsteinen, Steinraspeln und Mörsern aus demselben Material nicht zu viele grobe Teilchen, die eine übermäßige Abnutzung der Zähne hätten verursachen können."[45]

In Lateinamerika stellten Getreide und Knollen die Grundlage der Ernährung der Ureinwohner dar. Die Bedeutung dieser Nahrungsmittel war so entscheidend, daß einige dieser Gesellschaften unter den Namen „Maiskultur", „Yuccakultur", „Süßkartoffel-Kultur" oder „Quinoa-Kultur" (ausgestorbene, amerikanische Getreideart) bekannt sind.

Die Existenz einer Getreide- oder Knollenart hatte in bestimmten Regionen großen Einfluß auf die Entstehung der wichtigsten Kulturzentren. Um diesen vorherrschenden Anbau herum, der eine größere Produktivität und Nahrungsmittelversorgung sicherte, bildeten sich wichtige Landwirtschaft und Töpferei betreibende Gemeinschaften.

Der Mais war für viele Völker das grundlegende Getreide. „Nach den jüngsten Untersuchungen ist man der Meinung, daß das Zentrum des Maisanbaus zunächst auf den Hochebenen im Süden Mexikos lag. Die Ausbreitung von einem einzigen Zentrum aus scheint dadurch bewiesen zu sein, daß der Mais in vielen Fällen zusammen mit Bohnen und Kürbissen eingeführt wurde, was nahelegt, daß er im Rahmen eines landwirtschaftlichen Gesamtkomplexes verbreitet wurde."[46]

In Venezuela spielte die Yucca-Pflanze eine zentrale Rolle bei der Nahrung der Ureinwohner. Sanoja und Vargas schreiben: „Es bleibt die Frage, in welchem Ausmaß ein ökonomischer Faktor sozial 'wirksam' war, d.h. inwieweit man einen Anbau als eine 'Massenaktivität' betrachten kann, wie es der Maisanbau in anderen Regionen des Kontinents war, der eine große Fähigkeit zur Stabilisierung von Menschengruppen bewies. Ebenso muß man sich fragen, inwieweit es eine wirkliche Züchtung der Yucca-Pflanze für den Anbau gegeben hat, da diese Pflanze im Gegensatz zum Mais und anderen Getreidesorten anscheinend keine wesentlichen Veränderungen erforderte, um eine größere Ausbeute bei der Produktion zu erreichen."[47]

Bei der Suche nach besseren Böden führten die Ureinwohner die ersten Brandrodungen und Abholzungen durch. Es war der Beginn der Veränderung der Umwelt in Lateinamerika: Aber angesichts des geringen Umfangs dieser Maßnahmen führten sie nicht zu spürbaren ökologischen Ungleichgewichten. Nach Lutzenberger „hatte der Indio schon Jahrtausende vor der Ankunft des weißen Mannes Verhältnisse stabilen Gleichgewichts in seiner Umwelt erreicht... Die Rodung durch die Indios ergänzte bloß den Ertrag der Jagd und die Waldfrüchte, die mit dauerhaft einträglichen Ausbeutungsmethoden gewonnen wurden, ohne Schädigung des Ökosystems."[48] Diese Beurteilung wird von Sanoja und Vargas in ihren Studien über Venezuela geteilt: „Die herausragendste und bei den Ackerbau betreibenden Stämmen am weitesten verbreitete Anbautechnik wird als Brandrodung oder Wander-Ackerbau bezeichnet. Viele Autoren haben ihn als Charakteristikum für die kargen tropischen Böden gekennzeichnet, als eine elementare Ackerbautechnik, für die man keine Geräte braucht außer dem Beil, der Hacke oder dem Sästock, eine Technik, die mit einer niedrigen Bevölkerungsdichte und einem niedrigen Konsumniveau verbunden ist... Geertz stellt bei seiner Analyse des Problems des Ackerbaus durch Brandrodung in ökologischer Hinsicht fest, daß die herausragendste positive Eigenschaft dieser Technologie darin besteht, daß sie in die zuvor existierende Struktur des natürlichen Ökosystems integriert ist, dessen Aufrechterhaltung sie sogar unterstützt, da sie sehr anpassungsfähig ist. Jede Art von Landwirtschaft, sagt Geertz, stellt eine Bemühung dar, ein gegebenes Ökosystem derart zu verändern, daß man den Energiefluß steigern kann, den der Mensch zum Überleben braucht. Eine Art des Ackerbaus, wie sie die Brandrodung darstellt, ähnelt in ihrem 'Grad der Verallgemeinerung' der Zusammensetzung des tropischen Urwaldes, wobei man unter Verallgemeinerung in einem Ökosystem das Vorhandensein einer großen Zahl von Arten versteht."[49]

Der Ackerbau in Lateinamerika begann 4000 Jahre vor unserer Zeitrechnung. In Mittelamerika wurden Spuren beginnenden Ackerbaus (kleine Maiskolben und Kürbissamen) gefunden, die auf das Jahr 4000 v. Chr. datiert wurden. In Peru wurden mehr als 3500 Jahre alte Spuren von kultivierten Gebieten gefunden. Im Norden Südamerikas, einschließlich Venezuelas, begann die Entwicklung des Ackerbaus im zweiten Jahrtausend vor Christus mit dem Anbau der Yucca-Pflanze an der Nordwestküste des Maracaibo-Sees und am Unterlauf des Orinoco.

In dieser Frühzeit der Landwirtschaft wurden der Ackerbau und die Domestizierung von Tieren mit dem Sammeln, der Jagd und dem Fischfang verbunden. „Der Ackerbau und die Tierzucht setzen die Existenz eines gewissen Überschusses an Lebensmitteln voraus. Dafür gibt es zwei Gründe: prinzipiell deshalb, weil diese Technik die Verwendung von Samen und Tieren für andere Zwecke als die direkte Ernährung erfordert, zu dem Zweck, mehr Pflanzen und Fleisch für eine spätere Zeit herzustellen. Zweitens deswegen, weil weder der Ackerbau noch die Viehzucht unmittelbar die notwendige Nahrung für die Erhaltung des Stamms liefern, und weil man einen Lebensmittelvorrat für die Periode zwischen der Aussaat und der Ernte benötigt. Daher konnten weder der primitive Ackerbau noch die Viehzucht unmittelbar als Hauptproduktionssystem eines Volkes eingeführt werden. Sie traten in Etappen auf, wobei sie zu Anfang als Aktivitäten angesehen wurden, die gegenüber der Jagd und dem Sammeln von Früchten zweitrangig waren und dann lange Zeit von diesen ergänzt wurden."[50]

In der ersten Phase der Landwirtschaft betreibenden Völker blieb die kooperative Organisation der Arbeit erhalten. Die soziale Solidarität war grundlegend. „Bei der Beschreibung der Bräuche der Indianer von Cape Flattery (Staat Washington, USA) erklärt James Swann, daß jeder, der Lebensmittel im Überschuß erzeugt hat, wer auch immer es sein mag, üblicherweise eine Reihe von Nachbarn oder Mitglieder seiner Familie einlädt, damit sie sie mit ihm verzehren. Wenn ein Indianer genügend Vorräte an Lebensmitteln zusammen hat, ist er verpflichtet, ein Fest zu geben, das so lange dauert, bis diese Vorräte verbraucht sind."[51] Alle jagen, sammeln Holz, bauen zusammen Hütten, säubern Wege, roden neue Felder. Alle kennen grundlegend die Umwelt: Klima, Böden, Flüsse, Fauna und Flora. „Das Hauptproblem, mit dem sich die primitive Landwirtschaft konfrontiert sieht, ist die regelmäßige Rodung jungfräulicher Böden, eine Rodung, die gemeinsam von der ganzen Bevölkerung durchgeführt wird, wie die Beispiele von Völkern bezeugen, die noch heute in diesem Entwicklungszustand sind, und wie es alte Indianerlieder besingen. Im Rahmen der kooperativen Arbeitsorganisation ist es logisch, daß der zu bearbeitende Boden, der gemeinsam gerodet wurde, Gemeinschaftseigentum ist und regelmäßig neu verteilt wird."[52]

Die künstliche Bewässerung beschleunigte die Entwicklung der Agrarproduktion und stellte neben den ersten Brachfeldern den entscheidenden Faktor für den Wandel der Agrartechnik dar. Die Eingeborenen legten Terrassen an und führten die Bewässerungskanäle, die an Flüssen oder an Abhängen von Schluchten begannen, dorthin. Die künstliche Bewässerung über Stufenterrassen wurde im ganzen Andengebiet praktiziert, von Mexiko bis Chile, was eine bedeutende soziale Organisation für den Anbau beweist. In den Anden Venezuelas wurde zu Beginn unserer Zeitrechnung der Anbau auf Stufenterrassen eingeführt. Unsere Völker erreichten keinen größeren landwirtschaftlichen Fortschritt, da ihnen ein entscheidendes Gerät fehlte: der Pflug.

Der Ackerbau scheint sich auf unserem Kontinent zur gleichen Zeit entwickelt zu haben wie die Domestizierung der Tiere. Bei diesen frühen Gesellschaften entstanden Landwirtschaft und Domestizierung von Tieren parallel, obwohl einige behaupten, daß die erstere der letzteren vorausging. „Nach einer Theorie" aber, schreibt V.G. Childe, „soll die Viehzucht unmittelbar und ohne Hinzukommen des Feldbaues aus der Jägerei hervorgegangen sein. Gemischte Bauernwirtschaft wäre auf die Unterwerfung des Ackerbauern durch Viehbauern zurückzuführen (...). Die ältesten der Archäologie bekannten jungsteinzeitlichen Gesellschaften werden jedoch von 'gemischten' Bauern gebildet, die bereits einige oder alle der oben genannten Tiere (wilde Schafe, Ziegen, Rinder, Schweine) domestiziert haben."[53] Auf jeden Fall ist kein Ackerbau-Volk bekannt, das später zum Hirtenvolk wurde. Im Gegenteil kam es häufig vor, daß wandernde Hirtenvölker endgültig zu Ackerbauern wurden.

Die Nutzung der tierischen Energie durch die Domestizierung von Tieren stellte ein weiteres großes historisches Ereignis dar. Zum ersten Mal begann der Mensch, eine Energie zu nutzen, die seine eigene Arbeitskraft ersetzte. Jedoch war in Amerika die Nutzung der tierischen Energie begrenzter als in Europa und Asien, weil es auf unserem Kontinent keine Pferde und Ochsen gab. Für den Lastentransport verwendeten die Einwohner Amerikas, insbesondere die der Andenregion, das Lama oder das Guanako, die nicht mehr als 25 Kilo tragen konnten.

Nach Ansicht eines Autors des *Scientific American* besteht ein Unterschied zwischen der Alten und der Neuen Welt

„darin, daß die Völker der Alten Welt eine große Zahl von Tieren domestizierten und eine relativ geringe Zahl von Pflanzen anbauten, während es sich in der Neuen Welt gerade umgekehrt verhielt. Zu den verschiedenen, vielköpfigen Herden, die den Völkern Europas, Afrikas, und Asiens Fleisch, Milch, Wolle und Lasttiere gaben, gab es in der präkolumbianischen Neuen Welt kaum ein Gegenstück: gerade eine halbdomestizierte Gruppe von Andenkamelen, das Lama, das Alpaka und das Vikunja. Das andinische Meerschweinchen kann als schlechteres Gegenstück zu den domestizierten Kaninchen und Hasen der Alten Welt angesehen werden. In anderen Teilen Amerikas entsprach der Truthahn, ebenfalls auf niedrigerem Niveau, der großen Vielfalt von Stall-Geflügel der östlichen Hemisphäre."[54]

Technologie

Die Ureinwohner Amerikas brachten eine eigene Technologie hervor, die derjenigen der Alten Welt auf einigen Gebieten der landwirtschaftlichen Produktion, der Töpferei und der Metallverarbeitung gleichwertig oder überlegen war. Ein Spezialist auf diesem Gebiet, John Murra, hat darauf hingewiesen, daß „es darum geht, sich um eine Annäherung an die Technologie der Andenbewohner zu bemühen, die das Ergebnis einer tausendjährigen Erfahrung war und offensichtliche Erfolge unter schwierigen Bedingungen erzielte, ohne Parallele auf anderen Kontinenten. Wenn wir sie verstehen wollen, werden wir nicht nur die Daten, die von paläontologischen oder metallspektrographischen Labors geliefert werden, berücksichtigen müssen, sondern auch die ökonomischen, sozialen und politischen Formationen, die einen ausreichenden Gebrauch der menschlichen Energie in den Anden erlaubten."[55]

Die amerikanischen Kulturen perfektionierten das System der künstlichen Bewässerung, einer der ersten Energiequellen, die die menschliche Gesellschaft beherrschte. Die Hauptfortschritte kamen von den Mayas, Inkas und Azteken, obwohl es Völker gab, die schon Jahrhunderte zuvor die künstliche Bewässerung praktizierten.

Die Technologie der Einwohner Lateinamerikas erreichte ihren höchsten Ausdruck in der Metallverarbeitung. Die großen Zentren, von denen sich der Bergbau und die Metallurgie in der präkolumbianischen Zeit ausbreiteten, waren das Hochland von Peru, Bolivien und Kolumbien. Nach Ansicht von Rivet und Ardansaux[56] kannten die Bewohner des kolumbianischen Gebiets, die sogenannten Chibchas, die Legierungen von Kupfer und gediegenem Gold in verschiedenen Mischungsverhältnissen. Die einheimischen Künstler, Schmuckhersteller, Gold- und Silberschmiede von Kolumbien, sagt Bargall, „praktizierten mit Gold den einfachen Guß und den Guß mit 'verlorenem Wachs', wie in Mexiko. Sie machten auch Hammerarbeiten, kalt und manchmal warm. Sie beherrschten das einfache und das autogene Schweißen und machten Filigranarbeiten... Die Schmuckhersteller von Guatavita (Kolumbien) zeichneten sich vor den übrigen Regionen des alten peruanischen Reiches durch ihr Geschick beim Schmelzen und Bearbeiten des Goldes aus, wenn sie auch nicht das Niveau der Mixteken erreichten, die den Schmuck vom Monte Albán (Mexiko) herstellten."[57]

Um diese Fortschritte der Metallverarbeitung zu erreichen, begannen die Ureinwohner, die Energie der Holzkohle in den Schmelzöfen einzusetzen. Bargall hat darauf hingewiesen, daß „in Peru, Bolivien, Ecuador und sogar in Loa (Chile) sehr raffiniert gebaute Öfen, sogenannten Guairas, verwendet wurden. Silber und Kupfer wurden nach dem Verlassen der Guairas erneut geschmolzen, um eine feinere Struktur zu bekommen, und dann wurden sie in Formen gegossen. Man verwendete halbkugelförmige, manchmal auch quadratische Schmelztiegel aus Ton oder Stein und Öfen, die generell aus Ton gebaut waren, und schürte das Holzkohlenfeuer mit Luft aus Röhren, einer Art Gebläse... Ein Teil der Indios verwendete verschiedene Arten von Öfen und auch von Mühlen, was auf den relativ hohen Stand ihrer Metallurgie hinweist."[58]

Die Azteken und Inkas kannten ebenfalls fast alle Legierungen und beherrschten die Hämmertechniken, den Guß und das Treiben von Metall und brachten eine für ihre Zeit so fortgeschrittene Technologie hervor, daß sie die folgende Anerkennung des europäischen Forschers Nordenskiold verdiente: die Inkas hatten eine Erfindung gemacht, „die uns in der Alten Welt erst in jüngster Zeit mit einer völlig anderen Methode als der der Inkas gelungen ist, nämlich die Kunst, das Kupfer zu verschweißen... Ich glaube, daß wir zugeben müssen, daß der Beitrag der Indios als Entdecker und Erfinder zum kulturellen Fortschritt des Menschen beträchtlich ist. Er kann sogar den der teutonischen Völker in der Zeit, die der Entdeckung Amerikas vorausging, übersteigen. Es ist eine erwiesene Tatsache, daß den Indios viele Entdeckungen und Erfindungen gelungen waren, die in der präkolumbianischen Zeit in der Alten Welt unbekannt waren."[59]

Ein anderer fortgeschrittener Ausdruck der Technologie der Einwohner Lateinamerikas war die Herstellung von Gefäßen, Töpfen und anderen Keramikprodukten. Die Töpferei brachte eine Art von embryonaler industrieller Revolution, da man zum ersten Mal Gegenstände durch physikalische Prozesse herstellte, die chemische Produkte beim Brennen des Tons ergaben.

In Lateinamerika begann die Töpferei etwa 3000 Jahre vor unserer Zeitrechnung. Die Gefäße, Töpfe, Krüge und andere Küchengeräte erleichterten das schnelle Kochen von Nahrungsmitteln, was die Ernährung verbesserte. Wie in anderen Teilen der Welt waren auch auf unserem Kontinent die Frauen die großen Kunsthandwerker der Töpferei. Sie stellten Keramik für Hausarbeiten und für dekorative Zwecke her. Für die Küche fabrizierten sie Töpfe ohne Bemalung. Manchmal verzierten sie sie, wie diejenigen, die unter dem Namen

„Schuh-Krüge" zusammengefaßt wurden. Zur Schmuckkeramik, für die man Rot, Schwarz und gelegentlich Gelb verwendete, gehören Tonbehälter und große Vasen mit einem dicken Hals und zwei Henkeln. Sie stellten auch schmuckvolle Behälter mit einer konkaven Grundfläche und Gefäße mit Tiergesichtern her. Zusammenfassend können wir feststellen, daß die Töpferei dieser Epoche mit einer so hochentwickelten Technik betrieben wurde, daß heute niemand, auch nicht mit einer Töpferscheibe, Gefäße mit einer ähnlichen Struktur herstellen könnte.

Natur, Kunst und Magie

Durch Keramik-Motive, Kunstwerke aus Metall, Steinzeichen und andere kulturelle Ausdrucksformen zeigte der Ureinwohner seine Integration in das System. Allgemein waren seine kulturellen Motivationen von seiner engen Beziehung zur Natur inspiriert.

Als Ausdruck des Überbaus zeigte die Magie ebenfalls in unterschiedlichen Formen die Integration des Menschen in das Ökosystem. Die Magie war ein Versuch, die Beziehung zur Natur zu deuten, eine Bemühung des menschlichen Geistes, eine Erklärung der Welt und des Lebens zu finden, um gegen die Unwissenheit zu kämpfen, wobei an die Naturkräfte appelliert und gleichzeitig versucht wurde, sie zu beherrschen.

Die Magie entstand in einer Gesellschaft ohne Klassen, als noch nicht das System des Privateigentums herrschte. In den magischen Vorstellungen spiegelte sich der primitive Egalitarismus. Es gab keine Hierarchie unter den Totems. Es gab keine höheren oder niedrigeren Geister, sondern nur verschiedenartige.

Der Naturkult zeigt, daß der Mensch bis in den spirituellen Bereich hinein spürte, daß er einen Teil der Umwelt bildete. In der Magie gab es einen direkten Einbezug des menschlichen Wesens, das versuchte, die Natur durch heftige Emotionen, Exorzismen, Symbole usw. in den Griff zu bekommen. Im Gegensatz zu dem, was bei den bereits etablierten Regionen geschieht, gibt es bei den magischen Handlungen eine aktive Beteiligung des Individuums. Hauser weist auf folgendes hin: „Die magische Weltanschauung ist monistisch, sie sieht die Wirklichkeit in der Form eines einfachen Ineinanders, eines lücken- und sprunglosen Kontinuums".[60]

Die magischen Handlungen, die Felskunst und andere plastische Formen drückten den Wunsch aus, eine gewisse Beherrschung der Natur zu erreichen. Die Steinzeichen und Tierzeichnungen in Höhlen spiegelten die Bestrebung, den Wunsch konkretisiert zu sehen, daß das Tier in die Falle ginge. „Das Bild war Darstellung und Dargestelltes, Wunsch und Wunscherfüllung in einem. (...) Schon wegen ihres magischen Zwecks mußte also diese Kunst naturgetreu sein."[61]

Soziales System

Von der Horde der Sammlerzeit gingen die Menschen zu Gruppen von Verwandten und zum Stamm über. Es gab kein Privateigentum des Bodens. Die Weiden, Hügel und Gewässer wurden gemeinschaftlich genutzt. „In der ganzen Andenregion herrschte seit vielen Jahrhunderten vor der Eroberung durch die Inkas das Gemeinschaftssystem."[62] Die Wohnstätten waren Gemeineigentum. Die Menschen arbeiteten in einer einfachen Form der Kooperation zur Durchführung von Arbeiten von allgemeinem Interesse, wobei alle gleichermaßen an den Produkten beteiligt wurden.

Zahlreiche Forscher haben darauf hingewiesen, daß das soziale System in diesem Stadium von Landwirtschaft und Töpferei auf dem Matriarchat begründet war. Einige der modernen Anthropologen ziehen es jedoch vor, von mütterlicher Abstammung statt von Matriarchat zu sprechen. In den Untersuchungen von Malinowsky, Spencer, Hartland, Lowie, Brifaul und besonders von Hornblower wird die Ansicht vertreten, die damaligen Völker hätten den Zusammenhang zwischen dem Sexualakt und der Vaterschaft nicht gekannt. Die Unkenntnis der Vaterschaft ist nach ihrer Ansicht nicht das Ergebnis der Vielehe, der Vielmännerei und Vielweiberei, sondern der Unwissenheit über den Zeugungsakt. Wir sind von der Unkenntnis über die Beziehung zwischen dem Sexualakt und der Fortpflanzung überhaupt nicht überzeugt. Vergessen wir doch nicht, daß der Mensch in dieser Periode schon Tiere domestizierte, und es wäre schon sehr merkwürdig, wenn er von dem Vorgang nichts gemerkt hätte, durch den das weibliche Tier schwanger wurde. Nicht zufällig taucht am Ende des Neolithikums der Phallus als Symbol auf, wenn er auch weniger häufig dargestellt wurde als die weiblichen Brüste.

Auf jeden Fall war mütterliche Abstammung der Ausdruck eines bestimmten sozialen Entwicklungsstadiums. Die herausragende Rolle der Frau bei den Landwirtschaft und Töpferei betreibenden Völkern ergibt sich aus ihren wichtigen öffentlichen Aufgaben, denn sie war es, die den Boden bearbeitete, die Töpferei erfand, den Webstuhl schuf und Gewebe produzierte.

Zahlreiche Autoren haben bewiesen, daß bei den Landwirtschaft und Töpferei betreibenden Völkern Lateinamerikas eine Art Matriarchat existierte. Der eifrigste Erforscher des sozialen Systems der Andenvölker, Ricardo Latcham, behauptet, die meisten Gesellschaften hätten vor der Eroberung durch die Spanier auf dem Matriarchat beruht. Der Ehemann mußte bei der Familie der Frau wohnen. Die Kinder bezogen ihre Abstammung auf die Mutter und übernahmen ihr Totem. Der Mann konnte keine Frau des gleichen Totems heiraten, aber die sexuelle Beziehung zwischen Söhnen und Töchtern desselben Vaters mit unterschiedlichem Totem war zulässig. In der araukanischen Sprache findet man Wörter, die auf diese Beziehung hinweisen: Lacutún, die eheliche Verbindung von Großvater und Enkelin; Lamentún, die Ehe zwischen Bruder und Schwester desselben Vaters.

In der Kolonialzeit wurden Vorschriften erlassen, die solche Ehen verboten, die für die Spanier schreckliche Sünden darstellten. Jedoch „waren für den Araukaner einige der Ehen, die von den Spaniern erlaubt waren, höchst inzestuös, z.B. zwischen Vetter und Cousine, wenn sie Kinder von Schwestern waren, denn diese gehörten immer zum selben Totem."[63] Die Araukaner hatten wie alle Eingeborenenvölker (und auch die heutigen Völker) Tabus und Verbote, aber diese unterschieden sich stark von denen der christlichen, westlichen Zivilisation, deren Träger die Spanier waren.

Die Bedeutung der Frau in diesen Landwirtschaft und Töpferei betreibenden Völkern zeigte sich auch auf der magisch-religiösen Ebene, im Kult der Fruchtbarkeitsgöttinnen oder der Muttergöttin. Sanoja und Vargas weisen darauf hin, daß in Venezuela, besonders in der Gegend um den Valencia-See, eine große „Vielfalt von menschlichen Tonfiguren, alle weiblich oder geschlechtslos" gefunden wurde, „die nach Ansicht von Osgood eine Beziehung mit den Fruchtbarkeitsriten und den Vorstellungen dieser Gemeinschaften vom Hinscheiden aus dem Leben und dem Geheimnis des Todes hatten."[64]

Jüngste Untersuchungen haben erstmals eine mögliche Forschungsrichtung aufgezeigt, die die sozialen und verwandtschaftlichen Regeln der Gemeinschaften der Ureinwohner mit der Natur und dem ökologischen Gleichgewicht in Beziehung bringt. Nach Ansicht von Turi bieten uns die afrikanischen Gesellschaften „zahlreiche Beispiele für bewußt befolgte soziale Regeln, die in direkter Beziehung mit der Notwendigkeit eines sozialen Schutzes stehen. Davidson hat kürzlich einige hervorragende Seiten über dieses Thema geschrieben. Bei der Untersuchung der sozialen und verwandtschaftlichen Beziehungen innerhalb der Stammesgruppen beobachtet er, daß alle Eigentums- und Produktionsbeziehungen als Verwandtschaftsbeziehungen zu verstehen sind, da eben die Gesamtheit der Familiengruppen, die eine rechtmäßige Gemeinschaft darstellt, als Urheberin des fruchtbaren Gleichgewichts mit der Natur angesehen wurde. Das bedeutete, daß die politische Tätigkeit notwendigerweise eine verwandtschaftliche Tätigkeit war. Aber die verwandtschaftliche Tätigkeit erforderte ihrerseits, daß jedes Individuum die ihm zugewiesene soziale Aufgabe ausführte. Dem ökologischen Gleichgewicht entsprach ein Gleichgewicht auf dem Gebiet der menschlichen Beziehungen, ein ideales Gleichgewicht von Verwandtschaftsrechten und -pflichten, manchmal sehr einfach, manchmal sehr kompliziert und fast immer durch sanften Druck der verschiedenen Teile der Gesellschaft untereinander aufgebaut: meistens zwischen verschiedenen Sippen oder Gruppen von Sippen. Dieses ideale Gleichgewicht von Verwandtschaftsbeziehungen, das als wesentlich für das ideale Gleichgewicht mit der Natur angesehen wurde, das wiederum die materielle Grundlage des Überlebens war, erforderte besondere Verhaltensmodelle. Die Individuen konnten Rechte haben, aber sie besaßen sie nur kraft der Pflichten, die sie der Gemeinschaft gegenüber hatten."[65]

Die hydraulischen Gesellschaften*

Die Bedeutung des Wassers, die sich in der Verallgemeinerung der künstlichen Bewässerung in den Kulturen der Mayas, Inkas und Azteken ausdrückt, erlaubt es uns, die genannten

*Hydraulische Gesellschaft: Durch die Zentralregierung (Despotie) besorgte umfangreiche öffentliche Wasserbauarbeiten. Vgl. Karl August Wittfogel *Die Orientalische Despotie* (Taschenbuchausgabe 1977 S. 31): „Ich verwende die Formen 'hydraulische', 'agrarbürokratische' und 'orientalische Despotie' als gleichbedeutend."

sozialen Formationen als hydraulische Gesellschaften zu bezeichnen. Vor mehreren Jahrzehnten verwendete Karl August Wittfogel die Bezeichnung „hydraulische Gesellschaft" für die Analyse des alten Ägyptens, Mesopotamiens, Indiens, Chinas und der sogenannten Fluß-Zivilisation allgemein. Diese Art von Gesellschaftsformation war von Marx in seinem berühmten Vorwort zu *Zur Kritik der Politischen Ökonomie* (geschrieben August 1858 bis Januar 1859, veröffentlicht 1859) „asiatische Produktionsweise" genannt worden. Etwas ausführlicher war er hierauf in dem Abschnitt „Formen, die der kapitalistischen Produktion vorhergehn" im „Kapitel vom Kapital" (1857/58 verfaßt) in den Heften mit seinen ökonomischen Studien eingegangen, die als *Grundrisse der Kritik der politischen Ökonomie* veröffentlicht worden sind und die Marx nicht veröffentlichen wollte, bevor er das Thema nicht gründlicher hätte erforschen und seine grundlegenden Hypothesen nachweisen können.[66]

In dem genannten Abschnitt werden Gesellschaften auf verschiedenen „Stufen der Entwicklung der Produktivkräfte" unter der Bezeichnung „asiatische, slawische, antike, germanische Form" (des Eigentums) erwähnt.[66*] Diese Charakterisierungen sind offenkundig provisorisch; diese Bezeichnungen spiegeln — ebenso wie andere Klassifizierungen bei Marx — nicht Verhältnisse der Gesellschaftsstruktur wieder, sondern geographische und ethnische Benennungen.

Die „asiatische Produktionsweise", wie einige sagen, oder „hydraulische Gesellschaft", wie andere sich ausdrücken, war eine der zahlreichen Übergangsformen, die aus der Auflösung der „primitiven", auf dem Gemeineigentum beruhenden Gesellschaften hervorgingen. Das allgemeine Charakteristikum dieser Gesellschaften bestand darin, daß keine von ihnen die Nabelschnur zum Gemeineigentum durchgeschnitten hatte, obwohl in ihnen das bewegliche Eigentum und in embryonaler Form Staat und Kasten allmählich hervorgebracht wurden. Mit dem Auftreten eines Überschusses in der landwirtschaftlichen Produktion kam es zu einer Arbeitsteilung und den ersten Antagonismen zwischen Land und städtischem Dorf, zwischen der entstehenden Handwerkerschaft und den Landwirten. Eine Minderheit eignete sich einen gewissen Teil des Überschusses an, den man wieder für Aufgaben investierte, die für die gesamte Gesellschaft notwendig waren, besonders für Bewässerungsarbeiten.

Eine Art von Gesellschaftsformation, die dieser „asiatischen Produktionsweise" oder „hydraulischen Gesellschaft" ähnlich war, entstand in Lateinamerika, als sich die Reiche der Mayas, Inkas und Azteken bildeten. Auch dort wurde eine embryonale Form des Staates hervorgebracht, eine Bürokratie, die mit der Planung und Kontrolle der künstlichen Bewässerung beauftragt worden war, und eine Militär- und Priesterkaste, die den unterworfenen Stämmen spezielle Abgaben und Zwangsarbeitsleistungen auferlegte.

Ein großer Teil der Sozialstruktur war um die Arbeit für die künstliche Bewässerung herum organisiert: Anlegen von Terrassen, Trockenlegen von Sümpfen und Bau von Kanälen, um den Zufluß des Wassers zu ermöglichen, das für die Agrarproduktion bestimmt war. In der hydraulischen Gesellschaft ist das ganze System, einschließlich des embryonalen Staates, dazu da, das Flußwasser maximal für die künstliche Bewässerung auszunutzen.

Die Planung der künstlichen Bewässerung ermöglichte es insbesondere den Kulturen der Mayas, Inkas und Azteken, den ökonomischen Überschuß zu steigern, ein Konzept, das nur der menschlichen Gesellschaft eigen ist. Ein natürliches Ökosystem produziert keinen Überschuß, sondern seine Produktivität steht in unauflöslicher Beziehung zu dem Gleichgewicht und der Selbstregulierung. Die menschliche Gesellschaft begann seit der Entstehung von Landwirtschaft und Töpferei betreibenden Dörfern, einen ökonomischen Überschuß zu produzieren, der für Tauschgeschäfte verwendet wurde, als Reserve aufbewahrt oder innerhalb der Gemeinschaft wieder investiert wurde. Die von der „Bewässerungsbürokratie" — der herrschenden Schicht der hydraulischen Gesellschaft — erzwungene Orientierung auf die Steigerung des Mehrprodukts führte zum Beginn der Veränderung natürlicher Ökosysteme.

Die Kulturen der Azteken und der Mayas unterschieden sich dadurch, daß erstere von dem Überfluß an Wasser in einem leicht zu überschwemmenden Gebiet Gebrauch machte, letztere dagegen in einem trockenen Gebiet. Beide Gesellschaften kannten die Methode des Düngens, den Fruchtwechsel und die Auswahl von Böden, die biochemische Behandlung der Samen, die Wettervorhersage und Ernährungspraktiken. Sie waren auch über die Nährkraft von Pflanzen und Tieren informiert, die es den Inkas ermöglichten, eine Nahrung zu konsumieren, die pro Kopf 2420 Kalorien enthielt, viel mehr als die Mehrheit der heutigen Völker Lateinamerikas zur Verfügung hat.

Die Städte der Ureinwohner — gescheiterte Ökosysteme?

Bei zahlreichen Landwirtschaft und Töpferei betreibenden Völkern Lateinamerikas entstanden allmählich Dörfer und Städte, von denen einige, wie Teotihuacin, schließlich mehr als 100 000 Einwohner hatten. Damit begann der Prozeß der städtischen Revolution auf unserem Kontinent.

Die Behandlung dieser Problematik führt uns zu verschiedenen Überlegungen: Welchen Unterschied gab es zwischen den Städten der Ureinwohner und den Städten, die in der Kolonialzeit und der republikanischen Phase entstanden? Welche Auswirkungen hatten sie auf die Umwelt? Welcher Unterschied besteht zwischen den Auswirkungen der Städte der Ureinwohner und denen der heutigen Städte auf die Umwelt? Können die Städte der Ureinwohner als Ökosysteme angesehen werden?

Die Mehrheit der Ökologen ist der Meinung, daß die Städte keine Ökosysteme darstellen, da sie im Grunde keine Autarkie und keine Selbstregulierung besitzen und von äußeren Energieströmen abhängen. In diesem Sinne wären die Städte künstliche oder gescheiterte Ökosysteme.

Eugene Odum weist darauf hin, daß die Stadt ein heterotrophes Ökosystem ist, das von einer großen Energiezufuhr von außen abhängt.[67] Als wesentliches Element fügt er hinzu, daß die Energie der Stadt auf Brennstoffen beruht, nicht auf Sonnenenergie. Trifft das für alle Städte zu?

Nach unserer Ansicht hatten die Städte der Ureinwohner keinen hohen Energieverbrauch und waren auch keine großen Energieimporteure. In jeder Stadt der Ureinwohner gab es viele Bäume, Pflanzen, Weiden, kleine Seen, Bäche und andere autotrophe Elemente, die eigene Energie lieferten. Eine solche Stadt hatte eine eigene Energiezufuhr und einen eigenen Energieabfluß. Diese Art von Stadt stellte eine untrennbare Einheit mit dem Land dar. Die Mehrheit der Stadtbewohner widmete sich landwirtschaftlichen Aufgaben. Die Ureinwohner versorgten sich selbst. Sie hatten es nicht nötig, die wesentlichen Lebensmittel einzuführen, wie es die heutigen Städte tun. Wegen der künstlichen Bewässerung war der Wasserverbrauch hoch, aber im Gegensatz zu den heutigen Städten hatten die Städte der Ureinwohner keinen Abfluß von verschmutztem Wasser und auch keine Abfälle, die man nicht wiederverwerten konnte. Alles in allem wagen wir es, die Städte als energetisch autarke Ökosysteme zu charakterisieren.

Die Städte der Landwirtschaft und Töpferei betreibenden Völker blieben immer eng mit dem Land verbunden. Sie waren Agrarstädte, wenn man uns diese Bezeichnung erlaubt. Die Tatsache, daß die Städte der Aufbewahrungsort für die Produkte der Landwirtschaft waren, zeigt die enge Verbindung zwischen Stadt und Land. In Huánuco Pampa, einer Stadt des Inkareiches, „lassen die 500 *qollqas* dieses Verwaltungszentrums auf Muster der Versorgung und Organisation schließen."[68] *Qollqa* bedeutet auf Quechua: ein Gebäude, das zur Lagerung verschiedener Güter und Lebensmittel bestimmt ist. In den Verwaltungszentren oder *Tampus* des Inkareichs wurden die Lebensmittel für den Konsum der Bevölkerung aufbewahrt. In einem dieser Zentren namens Cotopachi gab es 2400 *qollqas* mit einer Speicherkapazität von 4800 Tonnen.

Zwar ist es richtig, daß in diesen Städten Handwerker lebten. Untersuchungen haben jedoch gezeigt, daß die Mehrzahl der Stadtbewohner in der Landwirtschaft in der Umgebung der Städte tätig war. In Teotihuacán, der bevölkerungsreichsten präkolumbianischen Stadt, „bebaute die Mehrheit der Einwohner der Stadt den Boden in der Umgebung."[69] Zahlreiche Handwerker richteten sogar außerhalb der Stadt Töpfereien, Ziegelsteinfabriken und selbst Metzgereien ein. In den Missionsgebieten der Jesuiten in Paraguay wurden in der Umgebung der Stadt „Hütten mit Öfen zum Trocknen von Backsteinen und Ziegelsteinen, die die Baustellen der Bevölkerung versorgten"[70] eingerichtet.

Die Dorf-Städte des Inkareichs waren die Zentren des Handels. „Für jede Stadt mäßiger Ausdehnung war es Vorschrift, dreimal im Monat Markt zu halten."[71] Zu den lokalen Märkten oder alten Jahrmärkten brachten die Menschen Produkte zum Austausch gegen andere, die sie selbst nicht herstellten. Der Austausch basierte auf dem Tauschhandel, der die erste Form der Umwandlung von Gebrauchswerten in Waren darstellt. Im Gebiet der jesuitischen Missionsstationen von Paraguay hießen diese Handelszentren *Tambos*. Dort gab es Wohnungen für die Händler und die Produkte wurden gelagert.

Allgemein war der Handel von begrenztem Ausmaß. „Selbst in der Stadt Cuzco gab es nur einen kleinen Markt, der auf den Austausch von lokalen und regionalen Produkten beschränkt war. Diese beschränkte Entwicklung des Handels war nicht nur darauf zurückzuführen, daß der Staat versuchte, die Verteilung von Produkten, die aus anderen Regionen des Reiches kamen, und von handwerklichen Produkten zu monopolisieren. Eine weitere Ursache kennzeichnete John Murra als vertikale Integration. Dies war eine Tendenz, die schon wesentlich älter war als das Inkareich, nämlich die Bestrebung von Gruppen, die in einem bestimmten ökologischen Bereich lebten, Gebiete in einem anderen ökologischen Bereich zu bekommen, der häufig sehr weit von ihrem Wohngebiet entfernt und von ihm durch Territorien getrennt war, die sie nicht kontrollierten. Auf diese Art erreichten sie eine gewisse Autarkie und bekamen, ohne daß sie Handel treiben mußten, Rohstoffe, die sie in ihrem eigenen Bereich nicht produzieren konnten. So bekamen viele Bewohner der Hochebene, die Süßkartoffeln anbauten und Lamas züchteten, Mais oder Baumwolle aus den Küstengebieten."[72]

Andere Städte des Mayareiches, wie Lubaantún mit 50 000 Einwohnern, waren das Zentrum eines regionalen Marktsystems: „Aus den Maya-Bergen kam das metamorphe Gestein, das zur Herstellung von Steinäxten verwendet wurde, ebenso wie der *manos*, von Mörserkeulen und der *metates*, von Steinmulden, die zum Mahlen von Mais benutzt wurden. Von der Karibikküste, die weit entfernt in entgegengesetzter Richtung lag, brachte man Muschelschalen, die als Schmuck verwendet wurden, Fisch und andere Meerestiere... Zwei Orte im Hochland von Guatemala, die von Fred H. Stross von der Universität von Kalifornien identifiziert wurden, lieferten Obsidian, den man zu Klingen mit sehr scharfen Rändern abschleifen kann. Ebenfalls aus dem Hochland kamen *metates* mit Dreibein aus Lava. Aus dem Süden kamen die Federn des Quetzal-Hahns für den Schmuck der Herrscher von Lubaantún, und an einem noch nicht identifizierten Ort im Hochland wurde die Jade für die Schmuckherstellung gewonnen."[73]

Teotihuacán war die bevölkerungsreichste Stadt der Ureinwohner Lateinamerikas. René Millon gibt die folgende

Einschätzung: „Nach meiner früheren Einschätzung belief sich die Bevölkerung von Teotihuacán auf ihrem Höhepunkt auf etwa 120 000 Personen. Aus verschiedenen Gründen denke ich jetzt, daß diese Berechnung die Bevölkerung der Stadt unterschätzt, die eher an 150 000 oder 200 000 Bewohner herangekommen sein dürfte... Ein hoher Anteil der Stadtbevölkerung scheint in verschiedenen Arten von Gewerben gearbeitet zu haben. Ich möchte nicht den Eindruck vermitteln, daß sich die Mehrheit der Bevölkerung handwerklichen Tätigkeiten widmete, denn es ist wahrscheinlich, daß die Mehrheit der Stadtbewohner den Boden in der Umgebung bearbeitete... In meinen Untersuchungen des alten Stadtgebietes konnte ich 600 Werkstätten verschiedener kunsthandwerklicher Gewerbe finden, von denen sich die große Mehrheit mit der Bearbeitung von Obsidian beschäftigte. Fast alle scheinen auf dem Höhepunkt der Entwicklung der Stadt tätig gewesen zu sein. Außerdem wurden etwa 200 Handwerksbetriebe gefunden, die hauptsächlich Keramik herstellten. Es gibt Überreste von Werkstätten, wo Figuren aus Stein, Basalt, Schiefer, Muschelschale und anderen Materialien hergestellt oder bearbeitet wurden... Teotihuacán hatte eine Fläche von 20 Quadratkilometern. Es war der Sitz eines mächtigen Staates, dessen Herrschaft riesige Gebiete umfaßte. Auf seinem Höhepunkt, etwa um 500 n. Chr., wurde es zum einflußreichsten Zentrum ganz Mittelamerikas. Die Stadt wuchs in einer ökologisch reichen Region... Der Wohnbereich von Teotihuacán war ein quadratisches Gebiet mit großen, fensterlosen Außenmauern in Form einer Böschung, unterteilt in Bezirke verschiedener Größe, jeweils mit einer unterschiedlichen Zahl von Wohnräumen, die um Innenhöfe herum angelegt waren, mit eingelegten Röhren für den Abfluß des Regenwassers."[74]

Für eine genauere Charakterisierung dieser Städte der Ureinwohner wäre es interessant, eine vergleichende Studie mit den griechischen und römischen Städten anzustellen, die weniger Einwohner hatten als unser Teotihuacán.

Diese Unterscheidung könnte nicht nur die Ähnlichkeiten und Unterschiede zwischen den Städten der Ureinwohner Lateinamerikas und denen der antiken Reiche der Alten Welt aufzeigen, sondern auch die Unterschiede in Bezug auf die Umwelt zwischen Theben, Babylon, Alexandria, Athen und Rom einerseits und London, Paris, Tokyo und New York andererseits. Handelte es sich in allen Fällen um gescheiterte oder künstliche Ökosysteme? Gibt es wesentliche Nuancen zwischen ihnen in Bezug auf ihre Auswirkungen auf die Umwelt?

Wir erlauben uns, provisorisch die Ansicht zu vertreten, daß nicht alle Städte künstliche oder gescheiterte Ökosysteme waren. Die ersten städtischen Ansiedlungen, die von der städtischen Revolution des späten Neolithikums hervorgebracht wurden, und die präkolumbianischen Städte der Eingeborenen waren nach unserer Ansicht Ökosysteme mit einer eigenen energetischen Autarkie. Es wäre zu untersuchen, in welcher historischen Phase sie begannen, „heterotroph" zu werden, zu großen Importeuren von Energieströmen. Kennzeichnen Athen und Rom diesen Übergang? Welchen Grad an Künstlichkeit gab es in dem griechischen und römischen städtischen Ökosystem?

Diese Städte gerieten beim Untergang des Römischen Reiches in eine Krise. Das europäische Mittelalter zeichnete sich durch ein im wesentlichen ländliches Leben aus. Als die Städte seit dem 12. Jahrhundert als Ausdruck der Krise des Feudalismus wieder am europäischen Horizont erschienen, erhielten die neuen städtischen Kerne eine enge Beziehung zum Land aufrecht. Der Gegensatz zwischen Land und Stadt trat erst mit der industriellen Revolution und der Entwicklung des kapitalistischen Systems auf. Es bleibt also die Frage: welchen ökologischen Unterschied gab es zwischen den Städten des 13. Jahrhunderts, wie Florenz, Barcelona, Brügge und Gent einerseits und den späteren Städten des kapitalistischen Systems andererseits? Die gleiche Frage könnte man bezüglich der kolonialen und der republikanischen Städte Lateinamerikas stellen. Kurz gesagt geht es darum, die Stadt in ihrer historischen Entwicklung zu studieren, um zu untersuchen, wann sie ein Ökosystem war, und wann sie aufhörte, es zu sein und sich in ein künstliches Ökosystem verwandelte.

Diese vergleichende Studie könnte nicht nur zur Aufklärung der vergangenen, sondern auch der zukünftigen Rolle der Stadt beitragen, um eine Strategie der Umweltplanung zu skizzieren.

Unsere Hypothese lautet, daß die Städte nicht immer künstliche Ökosysteme waren, sondern daß sie zu Anfang Systeme mit energetischer Autarkie darstellten. Später gab es städtische Kerne, die einen Übergang zu gescheiterten Ökosystemen mit sich brachten. Schließlich schuf die Industriegesellschaft große Städte, die von einigen Ökologen als künstliche Ökosysteme und von anderen als die Antithese zu einem Ökosystem charakterisiert wurden.

Für die Erfordernisse einer Umweltplanung wäre es angebracht, diese Phasen der historischen Entwicklung der Städte zu berücksichtigen, denn sie könnten uns über die Möglichkeit aufklären, Städte nach angemessenen umwelt-wissenschaftlichen Kriterien zu planen. In diesem Sinne stellen die Städte der Ureinwohner Lateinamerikas, die schon im vorliegenden Kapitel analysiert wurden, einen wertvollen Präzedenzfall dar, der beweist, daß nicht alle Städte künstliche Ökosysteme waren.

IV. Der historische Entwicklungsprozeß der Abhängigkeit und der Zerstörung der Ökosysteme Lateinamerikas

Die ökologische Grundlage Lateinamerikas bedingte weitgehend die Art der spanischen Kolonisation. Der Unterschied zwischen der englischen Kolonisation Nordamerikas und der spanischen Kolonisation Lateinamerikas wurde nicht vom „Geist der Rasse" bestimmt, sondern durch die unterschiedlichen Ökosysteme, die es in den eroberten Gebieten gab.

Einige Autoren, wie Francisco Encina, begründen den Fortschritt Nordamerikas mit der Fähigkeit der Engländer, die Reinheit ihrer Rasse zu erhalten: „Nicht die Institutionen und das System verursachten die großen Entwicklungsunterschiede zwischen den englischen Gesellschaften Nordamerikas und den spanischen Gesellschaften Südamerikas, sondern die unterschiedlichen Fähigkeiten der Ahnen und die Vermischung der Spanier mit den Ureinwohnern."[75]

Der Unterschied zwischen beiden Kolonisationen beruhte nach unserer Ansicht nicht auf den unterstellten Tugenden oder Mängeln der jeweiligen Rasse, sondern auf der Gesamtheit der ökologischen Bedingungen, auf den unterschiedlichen geographischen Gegebenheiten, wie Böden und Flüssen, und auf der Verfügbarkeit menschlicher Arbeitskraft, die die jeweiligen Eroberer vorfanden.

Die Engländer, die den östlichen Bereich des Gebietes, das heute die Vereinigten Staaten darstellt, kolonisierten, trafen auf eine wenig fruchtbare Natur, auf Flüsse, die häufig über die Ufer traten und die Pflanzungen wegschwemmten, und auf eine eingeborene Bevölkerung, die sie nicht von Anfang an bezwingen und ausbeuten konnten. Sie fanden weder Edelmetalle noch eine Landwirtschaft mit künstlicher Bewässerung wie die der Mayas, Inkas und Azteken. Die Engländer von der Mayflower hätten sich schon gefreut, wenn sie Gold gefunden hätten wie die Spanier, behauptet Charles Beard, aber „die geographische Zone, die ihnen in die Hände fiel, brachte zu Anfang den heißbegehrten Schatz nicht ein."[76] Diese Bedingungen zwangen die Engländer, mit ihren eigenen Händen zu arbeiten, zu Handwerkern und Landwirten zu werden, was später die industrielle Entwicklung und die Schaffung eines inneren Marktes ermöglichte.

Im Gegensatz dazu fanden die Spanier einen Kontinent mit überreicher Vegetation vor, mit Edelmetallen, kultivierte Gebiete mit künstlicher Bewässerung und Arbeitskraft zur Ausbeutung im Überfluß. Diese Faktoren bedingten ein System, das grundlegend auf den Export von Rohstoffen ausgelegt war, das schnell ein Land- und Bergbaumonopol hervorbrachte und eine herrschende Klasse, die fast ausschließlich an der Produktion für den äußeren Markt interessiert war.

Einer der Gründe für die schnelle und einträgliche spanische Kolonisation war der Grad des Fortschritts, den die einheimischen Amerikaner in der Landwirtschaft, der Töpferei und dem Bergbau erreicht hatten. Diese Technologie der Ureinwohner erlaubte es den Spaniern, in wenigen Jahren ein wirkungsvolles Ausbeutungssystem zu organisieren. Wenn sie nicht mit indianischen Fachleuten für den Bergbau hätten rechnen können, wäre es unerklärlich, wie die Spanier ohne Technik und ohne spezialisiertes Personal die für den Bergbau geeigneten Erdschichten hätten entdecken und ausbeuten können, wobei sie in wenigen Jahrzehnten eine außerordentliche Menge an Edelmetallen zusammenbrachten. Wie wir im vorigen Kapitel gezeigt haben, hatten die Ureinwohner unseres Kontinents in der Metallverarbeitung ein hohes technologisches Niveau erreicht. Bei der Beherrschung der Techniken des Schmelzens, der Legierung und der Gold- und Silberschmiedekunst waren sie den damaligen Spezialisten Europas ebenbürtig oder überlegen. Die Spanier trafen auf seßhafte Völker, die die Domestizierung von Tieren und das System der künstlichen Bewässerung kannten. Schließlich stellten die amerikanischen Ureinwohner in der Landwirtschaft, der Töpferei und der Metallverarbeitung eine Technik zur Verfügung, die den Spaniern die Aufgabe der Kolonisation erleichterte.

Die Spanier nutzten die ökologischen Grundlagen für ihre kolonialen Ziele und plünderten die Natur und die Gemeinschaften der Ureinwohner aus. Die Zerstörung des Ökosystems begann mit dem Aufbau einer Ökonomie, bei der es nur um den Export von Produkten der Landwirtschaft und des Bergbaus ging.

Lateinamerika wurde plötzlich in den in Formierung befindlichen kapitalistischen Weltmarkt einbezogen. Diese These ist unseres Erachtens grundlegend für das Verständnis eines großen Teils der Geschichte Lateinamerikas. Wenn man nicht versteht, daß Lateinamerika seit der spanischen Kolonisation zu einem Teil einer weltweiten Gesamtheit wurde, wird jede Forschung bruchstückhaft und provinziell sein, da sie den beherrschenden Einfluß der Metropolen unterschätzt. Nur ein umfassendes Herangehen an diese weltweite Realität, die sich seit dem 16. Jahrhundert entwickelte, erlaubt es, den Entwicklungsprozeß in seiner Gesamtheit zu verstehen.

Die Subsistenzwirtschaft der Gemeinschaften der Ureinwohner wurde durch die Produktion von Rohstoffen und die Förderung von Edelmetallen für den internationalen Markt ersetzt.[77] Die Spanier führten den Tauschwert und die Geldwirtschaft in eine Gesellschaft ein, die nur den Gebrauchswert und die Naturalwirtschaft kannte.

Das Vordringen des spanischen Merkantilismus bedeutet nicht, daß es keine Gemeinschaften von Ureinwohnern mehr gab, die weiterhin die Naturalwirtschaft praktizierten und versuchten, in ihr Ökosystem integriert zu bleiben. Der Prozeß der spanischen Kolonisation untergrub jedoch allmählich die Grundlagen der Ureinwohnergemeinschaft. Die Töpferwaren, die Stoffe und andere Produkte der Ureinwohner waren der Konkurrenz auf dem kolonialen Markt ausgesetzt.

Die Gemeinschaften der Ureinwohner konnten nicht am Rande der globalen Entwicklung der neuen Ökonomie bleiben, die von der spanischen Kolonisation eingeführt wurde. Die Ureinwohner wurden gewaltsam in das System der Ausbeutung von Edelmetallen einbezogen. Ein großer Teil von ihnen wurde ausgerottet, ebenso durch die Eroberungskriege wie durch die Typhusepidemien, durch Pocken und andere von den Kolonisatoren eingeschleppte Viren. Die Auslöschung eines großen Teils der Ureinwohner schädigte die Ökosysteme schwerwiegend, da die Ureinwohner eine weitgehende Integration in die Umwelt erreicht hatten.

Die Bergwerksenklaven, die Landgüter und Pflanzungen, die für eine Ökonomie des Exports von Rohstoffen geschaffen wurden, bildeten allmählich neue Untersysteme. Bergwerke wie die sagenhafte Silbermine von Potosi waren Wirtschaftszentren, die das Abholzen der Bäume für die Schmelzen beschleunigten. Die landwirtschaftliche Nutzung eines einzigen Produkts, wie Kakao, Weizen, Zucker etc., führte zu den ersten ökologischen Ungleichgewichten, denn die Ökosysteme wurden verwundbarer. Es ist bekannt, daß die Vielfalt eine der wichtigsten Eigenschaften ist, die die Stabilität von Ökosystemen gewährleisten. Durch die Tendenz zur Monokultur, die von den Spaniern eingeführt wurde, wurden die Ökosysteme Lateinamerikas allmählich zerbrechlicher.

Der wichtigste Beitrag der Spanier zu den lateinamerikanischen Ökosystemen war die Einführung des Pferdes und des Rindviehs, wodurch die Möglichkeiten zur Ausnutzung der tierischen Energie stiegen, die auf unserem Kontinent knapp waren, da es fast keine Zugtiere für den Transport von Lasten gab. In wenig mehr als einem Jahrhundert vermehrten sich die Kühe, Schafe und Pferde millionenfach.

Durch die Vermehrung des Rindviehs und den damit verbundenen Konsum von Milch und Käse gab es eine Verbesserung der Ernährung, aber dies war nur zum Nutzen eines kleinen Teils der Bevölkerung. Die Mehrheit, vor allem die schwarzen und eingeborenen Sklaven, aßen wenig Fleisch. Ihre Ernährung beruhte auf den Naturprodukten, die ihnen die Subsistenzwirtschaft lieferte, die sie auf ihren kleinen Landstücken betrieben.

Die Viehzucht wurde zu einem wichtigen Zweig der Exportwirtschaft und schädigte durch die Nutzung großer Gebiete die Ökosysteme. Die Konzentration des Landbesitzes verstärkte die Tendenz zu einer zunehmenden Ausbeutung der Umwelt. Die Kolonisatoren raubten den Eingeborenen das Land und trafen damit die kleinen Untersysteme landwirtschaftlicher Produktion, die sich in der präkolumbianischen Epoche entwickelt hatten.

Die große Ausdehnung des Grundbesitzes ist eines der Argumente, die vorgebracht wurden, um den feudalen Charakter der spanischen Kolonisation zu beweisen. Dieser Irrtum rührt von der Gleichsetzung von Feudalismus mit Großgrundbesitz her, wobei vom konkreten Inhalt der beiden Systeme, der Art der Produktion und des Austauschs, abgesehen und die Betonung mehr auf den formalen Aspekt, die Ausdehnung, gelegt wird. Wenn man dieses Kriterium akzeptieren würde, wäre es schwierig, in der Gegenwart die Existenz von großen, modernen landwirtschaftlichen Betrieben zu erklären, die nicht feudal sind, sondern ausgesprochen kapitalistisch genutzte Betriebe. Großgrundbesitz hat ebenso in der Sklavenhaltergesellschaft des Ostens wie im feudalen und im kapitalistischen System existiert. Die Grundlage des Feudalismus war nicht nur die Ausdehnung der Güter, sondern die Ausbeutung von Leibeigenen im Rahmen einer kleinen landwirtschaftlichen und handwerklichen Produktion, wobei der Tauschhandel, nicht die Geldwirtschaft, die Grundlage des begrenzten Handels darstellte. Im Gegensatz dazu war der Hauptzweck des Großgrundbesitzes in der Kolonialzeit die Großproduktion von Exportprodukten.[78]

Die Großgrundbesitzer interessierte nicht die Selbstversorgung, sondern die Produktion für den äußeren Markt. Das hatte schwere Auswirkungen auf die lateinamerikanischen Ökosysteme, da es zu einer Monokultur der Produkte führte, die die Grundlage der Exportwirtschaft waren, ungeachtet der ökologischen Ungleichgewichte, die allmählich entstanden.

Die spanische Kolonisation brachte mit der Sklaverei und dem Frondienst neue Formen der Ausbeutung mit sich. Der eingeborene und der schwarze Sklave war nicht nur eine Ware, sondern auch ein Produktionsmittel, das speziell für die Förderung von Edelmetallen oder die Arbeit auf Kakao-, Zukker-, Kaffeepflanzungen usw. benutzt wurde.

Während der ersten zwei Jahrhunderte der Kolonialzeit war die Sklaverei das rentabelste Ausbeutungssystem für die Kolonialherren. Der Sklave war eine Ware, die für die Produktion neuer Waren für den Weltmarkt bestimmt war. Das Ziel des Kolonialherren war es, durch die Einführung eines fast unbegrenzten Arbeitstages den größtmöglichen Profit aus dieser Ware herauszuholen.

Eine andere Form der Ausbeutung der menschlichen Energie war die *Encomienda**. Es wurde argumentiert, daß die Beziehung zwischen dem *Encomendero* und dem Indio feudaler Art war. Diese Beziehung zwischen den Klassen ist eines der Hauptargumente derer, die behaupten, daß die spanische Kolonisation feudalen Charakter hätte. Wir haben in anderen Arbeiten[79] bewiesen, daß die Dienstleistungs-*Encomienda* eher sklavenhalterische als feudale Beziehungen widerspiegelte. Der Indio suchte sich seinen Herrn nicht aus und ging keine Vasallenbindungen ein, wie es der Lehnsmann des Mittelalters tat. Der Ureinwohner war im *Encomienda*-System mehr ausgebeutet als ein Lehnsmann, vor allem bei der

---

* Das System der *Encomienda* verknüpfte die christliche Missionierung der Indios mit ihrer ökonomischen Ausbeutung. Der *Encomendero* verpflichtete sich zur Bekehrung der Bewohner einer Region, die als Gegenleistung für diese „Fürsorge" unentgeltlich auf seinem Land arbeiten mußten.

Dienstleistungs-*Encomienda*. Streng genommen schuf die *Encomienda* eine vorkapitalistische Klassenbeziehung, trotz ihrer Erscheinung nicht notwendigerweise feudaler Art, sondern ihrem Inhalt nach viel eher eine Art von Sklaverei, im Dienst eines Unternehmens mit merkantilistischen Zielen.

Diese Formen der Ausbeutung menschlicher Energie brachten den Kolonialherren große Profite, führten aber zu einer drastischen Schrumpfung der Gemeinschaften der Ureinwohner, die in die Ökosysteme integriert waren.

Demographische Veränderungen

Während der Kolonialzeit kam es zu bedeutenden Veränderungen der Bevölkerungsstruktur. Die Zahl der Ureinwohner ging drastisch zurück, in einem Ausmaß, der von den Forschern noch nicht völlig geklärt wurde. Die Ureinwohner starben zu Millionen, nicht nur bei Auseinandersetzungen mit den Spaniern, sondern auch durch Epidemien und durch die Zwangsarbeit in den Bergwerken und auf den Plantagen. Für Chile wurde berechnet, daß es bei der Ankunft der Spanier zwischen einer halben und einer Million Ureinwohner gab. Die Kriege, die Ausbeutung durch die *Encomiendas* und die Typhusepidemien von 1554 bis 1557 und die Pockenepidemien von 1590 bis 1591 verringerten die Zahl auf etwa 200 000 Ureinwohner.

Die Vermischung von Spaniern mit Indio-Frauen führte zu einer demographischen Revolution. Es kam zu einem außerordentlichen Wachstum des Anteils der Mestizen an der Bevölkerung, die seit dem 17. Jahrhundert begannen, eine vorherrschende Rolle als Arbeitskräfte zu spielen. Die spanischen Unternehmer mußten wegen der Krise des *Encomienda*-Systems auf die Mestizen zurückgreifen, um ihren Bedarf an Arbeitskräften zu decken. Diese neue menschliche Energie konnte jedoch nicht dem System versteckter Sklaverei unterworfen werden, das man mit den Eingeborenen in den *Enco-miendas* praktiziert hatte. Um diese Arbeitskräfte zu gewinnen, die sie so dringend benötigten, sahen sich die Unternehmer gezwungen, neue Arbeitssysteme einzuführen, wie die Lohnarbeit, die Vermietung, die Pacht und die Halbpacht. Dies bedeutete die Einführung neuer sozialer Produktionsbeziehungen, die das Aufkommen eines embryonalen Kapitalismus ausdrückten, in Abhängigkeit von dem in der Entstehung begriffenen weltweiten, kapitalistischen System. Die Mestizen, die am Ende der Kolonialzeit in zahlreichen Vizekönigtümern, Statthalterschaften und Generalkapitanaten die Mehrheit der Bevölkerung darstellten, waren die Basis der neuen Arbeitssysteme. Sie brachten auch neue Sitten und eine eigene Subkultur hervor, die sich sowohl von der Kultur der Ureinwohner als auch von der spanischen Kultur unterschied.

Auch die massive Einfuhr von Schwarzen war ein wichtiger Faktor der demographischen Revolution, die sich im kolonialen Lateinamerika abspielte. Tausende von Schwarzen wurden aus Afrika gewaltsam eingeführt, um sie für die Ausbeutung von Rohstoffen einzusetzen. Der innerkapitalistische Kampf zwischen Spanien, Holland, Frankreich und England um die Kontrolle des Sklavenhandels gipfelte in dem Sieg der Engländer. Der Vertrag von Utrecht (1713) legte die englische Vorherrschaft im Handel mit Schwarzen fest. Der größte Teil der Sklaven war für die Antillen, Brasilien, Mittelamerika und den Norden Südamerikas bestimmt. Ihre Vermischung mit anderen Rassen führte zur Entstehung von Zambos (Mischung von Negern und Indianern, d. Übers.) und Mulatten, die die rassische Komplexität unseres Kontinents verstärkten und vor allem neue Muster an Kulturen und sozialem Verhalten hervorbrachten.

Technologie

In der Kolonialzeit gab es eine Vermischung der aus Europa importierten Technologie mit der Technologie der Ureinwohner, wobei sich schließlich die erstere durchsetzte, wodurch sich die Abhängigkeit und Unterordnung unseres Kontinents verschärfte. Das Studium der spanischen Kolonisierung ist von entscheidender Bedeutung, da unser heutiger Abhängigkeitszustand seine Wurzeln zum großen Teil in der Kolonialzeit hat. Man kann die Geschichte des heutigen Lateinamerika nicht verstehen, ohne die Kolonialzeit zu analysieren, denn in dieser Zeit liegt der Ursprung unserer Ökonomie, die durch die Orientierung auf die Produktion weniger Güter charakterisiert ist.

Die Spanier profitierten zu Anfang im Bergbau und in der Landwirtschaft von der Technologie der Ureinwohner. Zugleich führten sie die Verfahren der Tierhaltung ein, brachten den Kreolen, Mestizen und den Ureinwohnern die Arten der Domestizierung der neuen Tiere bei, die sie in die Neue Welt mitbrachten: Kühe, Schafe, Pferde, Hühner, Maulesel etc. Sie gaben die Verwendung der Milch und die Technik der Herstellung der Milchprodukte, wie Käse, weiter. Der Milchkonsum stellte eine wichtige Änderung der Ernährung dar und erforderte eine Umstellungsperiode bei den Ureinwohnern und der schwarzen Bevölkerung, da ihr Körper ein spezielles Enzym zur Verdauung der Milch herstellen mußte, eines Produktes, das sie bisher nicht gekannt hatten. Durch das neue Getreide, das man zu Brot verarbeiten konnte, den von den Spaniern importierten Weizen, gab es auch andere Umstellungen der Ernährung. Außerdem wurde das Wildfleisch, das bisher die Grundlage für die Proteinversorgung der Ureinwohner dargestellt hatte, zum Teil durch Rindfleisch ersetzt, besonders im Vizekönigtum von Rio de la Plata. Das von den Spaniern eingeführte Vieh vermehrte sich in den Pampas Lateinamerika mit großer Geschwindigkeit. In Venezuela gab es im 17.

Jahrhundert in den Ebenen von Guarico, Apure und Cojedes mehr als 300 000 Rinder. Um 1800 gab es 1,2 Millionen Rinder, 180 000 Pferde und 90 000 Maulesel.[80]

Die Spanier und Kreolen nützten das Vieh zur Gewinnung von Talg und Leder für den Export und zur Herstellung von Pökelfleisch, wobei sie ein spezielles Verfahren zur Trocknung und Konservierung des Fleisches anwendeten.

In der Landwirtschaft bedienten sich die Kolonisatoren der Technik der Ureinwohner, besonders des Systems der künstlichen Bewässerung. Zugleich trugen sie mit ihrer europäischen Erfahrung zur Bearbeitung des Bodens bei, z.B. mit der Ersetzung der Brache durch ein kontinuierliches Rotationssystem beim Anbau. Sie brachten auch Ackergeräte wie den Eisenpflug, den die Ureinwohner nicht kannten, die Eisenhacke und die Sense in die Neue Welt.

Im Bergbau schufen die Hispanoamerikaner eine neue Technologie zur Silbergewinnung. Dieser hispanoamerikanische Beitrag wurde von den Historikern mit eurozentristischer Optik nicht gebührend bewertet. „Die Spanier und Hispanoamerikaner waren mit der Schaffung und industriellen Anwendung der Amalgamierung in den Silberbergwerken, die es ihnen ermöglichte, die ganze Welt mit dem Edelmetall zu überschwemmen, den großen Metallurgen Mitteleuropas fast zweieinhalb Jahrhundert voraus. Diese Periode wurde trotz ihrer langen Dauer von den Historikern nicht in ihrer wirklichen Bedeutung beurteilt, vielleicht auf Grund des Rassenvorurteils, daß die Spanier und Hispanoamerikaner zu bedeutenden Beiträgen auf technischem Gebiet unfähig gewesen seien.“[81]

Bartolomé de Medina, der in Sevilla geboren wurde, kam 1553 nach Neuspanien. Nach mehrjährigen Versuchen entdeckte er das Amalgamierungsverfahren zur Silbergewinnung und wurde damit zum herausragendsten Metallurgen unseres Kontinents. Seine Methode war perfekter als das zwei Jahrhunderte später in Europa angewandte Verfahren. Dieser technologische Fortschritt der Hispanoamerikaner auf dem Gebiet des Bergbaus zeigte sich auch in dem Buch von Alvaro Alfonso Barba, *El arte de los metales* (Die Kunst der Metallgewinnung), das 1640 geschrieben wurde und die einzige schriftliche Arbeit über Metallurgie im 17. Jahrhundert in Lateinamerika und zugleich eine der bedeutendsten Abhandlungen der Welt über dieses Thema darstellt.

Die Gemeinschaften der Ureinwohner behielten ihre Techniken zur Herstellung von Stoffen, Körben und Töpfereiprodukten bei. Aber die Kolonisatoren setzten schließlich die europäische Art von Kleidung, Geräten, Steingut und anderen Haushaltsartikeln durch.

Zusammengefaßt kann man feststellen, daß die Kolonisatoren die Technologie der Ureinwohner ausnutzten und zugleich eine neue Technologie des Bergbaus und der Landwirtschaft einführten, nicht zur Verbesserung des Lebensstandards der Lateinamerikaner, sondern zur Steigerung der Produktion für den externen Markt.

Die Zerstörung der Umwelt

Die Zerstörung der Umwelt in Lateinamerika begann vor vielen Jahrhunderten und nicht erst in unserem Jahrhundert, wie einige Autoren behaupten. Pedro Cunill äußert, daß es „sich als zu beschränkt erweist, die Prozesse der Umweltzerstörung und der Entwicklung des sozialen Wohlstands nur in einer vom heutigen Zustand ausgehenden und unhistorischen Projektion zu sehen, ohne irgend eine zeitliche Perspektive, wobei vergessen wird, daß dies in vielen Fällen das Ergebnis von Verhältnissen ist, deren Entwicklung sich seit dem 16. Jahrhundert bis in unsere Zeit immer mehr beschleunigt hat. Wir meinen, daß man durch die Unkenntnis der Entwicklung und/oder Rückentwicklung der Landschaften der amerikanischen Anden zu schwerwiegenden Fehlinterpretationen kommt, wenn man sich immer wieder auf Vorstellungen von einer idealisierten Vergangenheit stützt, die die gegenwärtige Situation der Umweltzerstörung im Gegensatz zu einer vereinfachten Sicht des Zustands zu Beginn unseres Jahrhunderts erscheinen lassen, wo im geographischen Raum dieser territorialen Einheit unverschmutzte oder kaum vom Menschen betretene Landschaften auftauchen, wo der Boden mehr oder weniger gut erhalten war und nur eine beschränkte Nutzung von natürlichen Ressourcen durch patriarchale Gesellschaften stattfand. Diese stereotype Interpretation einer historischen menschlichen Verhaltensweise, die zartfühlend und respektvoll mit der geographischen Umgebung der amerikanischen Anden umging, halten wir für ebenso beschränkt, wie die Vorstellung einiger deutscher Geographen im 19. Jahrhundert, die eindringlich die zerstörerische Ökonomie der primitiven Gesellschaften darstellten, die nur durch das schöpferische und konstruktive Vorgehen der europäischen Kolonisatoren überwunden wurde... Wir meinen", fährt Cunill fort, „daß die mehrhundertjährige Zerstörung der Landschaft (vom 16. bis zum 19. Jahrhundert) zu einem deutlichen Rückgang der Lebensqualität und des Wohlstandes bei der Mehrheit der Völker, die Fischfang, Jagd, Sammeln von Früchten, Bergbau und Landwirtschaft betrieben, führte und Prozesse der geographischen Absonderung und Subintegration in produktive Gebiete auslöste, was wiederum neue Zyklen der Umweltzerstörung und Veränderungen der Nutzung des Bodens eingeleitet hat. Diese Prozesse der Verschlechterung der Bodennutzung waren in den nördlichen und den zentralen Regionen der Anden ausgeprägter, wobei die hohe Konzentration der Ureinwohner zur Ausbeutung der Bodenschätze ausgenutzt wurde, ebenso wie auf der karibischen Seite der amerikanischen Anden, die den ersten Schock der Ausplünderung ihrer Meeresschätze erfuhr."[82]

Die Kolonisatoren verursachten durch die Ausbeutung der Meeresprodukte schwerwiegende ökologische Ungleichgewichte und vertrieben die auf dem Fischfang beruhenden Gemeinschaften der Ureinwohner. Bezüglich der Plünderung der Perlen im Osten Venezuelas weisen Sanoja und Vargas darauf hin, daß „in dem Brief des lizensierten Paranußpflanzers an die Regierung Seiner Majestät im Jahr 1534 berichtet wird, wie die Händler von Cubagua, kaum daß sie gesehen hatten, welch schöne Gewinne ihnen das Perlengeschäft lieferte, sogar die in der Entstehung begriffenen Austernbänke, die eine Regeneration der Perlenbank ermöglichten, zerstörten, ja sogar die Indios umbrachten, die sie als Taucher verwendeten, wenn diese nicht die Austernkörbe brachten. Diese Einstellung der spanischen Händler führte zur schnellen Auslöschung dieses Meeresreichtums und zum Verschwinden der Stadt, die infolge dieser Ausbeutungsaktivität entstand: Nueva Cadiz."[83]

Die Meeresfauna des südlichen Pazifik wurde von der Gier der nordamerikanischen und englischen Kaufleute heimgesucht. „Als sich die nordamerikanischen und englischen Harpunierschiffe 1788 Kap Horn näherten, begannen sie vor der chilenischen Küste mit dem Walfang. Später kamen sie bis an die Küsten Perus... Sie zerstörten die Kolonien des 'zweihäutigen Seehundes' (Arctocephalus australis) auf den Inseln Mas Afuera, Santa Maria, Mocha und San Ambrosio. Wir schätzen, daß zwischen 1788 und 1809 über fünf Millionen dieser Seehunde ausgelöscht wurden."[84]

Wenn wir dazu das Gemetzel an Tieren zur Gewinnung von Leder und Talg für den Export und das Fällen von Bäumen für die Schmelzöfen der Kupfer-, Gold- und Silberbergwerke zählen, können wir die Schlußfolgerung ziehen, daß es die spanische Kolonisation war, die in Wirklichkeit den Prozeß der Zerstörung der Umwelt in Lateinamerika auslöste.

Die Kolonialstädte

Die ersten städtischen Kerne, die von den Spaniern gegründet wurden, waren die Festungs-Städte, die zur Unterstützung der fortschreitenden Eroberung dienten. Aber in dem Maße, in dem die Kolonisation voranging, entwickelte sich die Mehrheit der Städte nach den Bedürfnissen der Exportwirtschaft, wobei Hafenstädte wie Havanna, Veracruz, Portobelo, Bahia, Recife, Buenos Aires, Montevideo, Valparaiso, El Callao usw. entstanden.

Von ihrem Zweck, ihrer Funktionsweise und Organisation her standen sie in diametralem Gegensatz zu den Städten der Ureinwohner. Ihrer Struktur entsprechend verloren die neuen Städte zunehmend eigene Energiequellen und wurden immer mehr von Energiezufuhr von außen abhängig. Das trifft sogar für Mexiko und Cuzco zu, wo die Spanier die Stadt auf den alten städtischen Siedlungen der Ureinwohner neu gründeten, die sehr wohl eine energetische Autarkie besessen hatten.

Der Ursprung der von den Spaniern in Amerika gegründeten Städte unterschied sich von dem der Städte des mittelalterlichen Europa. Die Marktflecken des frühen Mittelalters entstanden aus einem Bedürfnis für die Entwicklung des Handels und Handwerks der aufstrebenden Bourgeoisie heraus, um den entstehenden inneren Markt zu versorgen. Im Gegensatz dazu war in Lateinamerika die Gründung der Städte von der Ausbeutung von Edelmetallen und Rohstoffen für den äußeren Markt bedingt.

Einige Städte, wie Mexiko und Cuzco, wurden in Gebieten aufgebaut, die schon von den Ureinwohnern kultiviert worden waren. Die Mehrheit der Städte entstand aber für die Ausbeutung von Edelmetallen und Rohstoffen in Gebieten, wo es reichlich einheimische Arbeitskräfte gab. Viele Städte wurden an Goldwaschplätzen geschaffen, wie Concepción, Imperial, Valdivia und Osorno in Chile. Als das Gold im 17. Jahrhundert versiegte, wurden Städte in landwirtschaftlichen

Zonen und Bergbauregionen in der Nähe der Exporthäfen gegründet.

Fast alle Städte wurden in der Nähe von Gebieten erbaut, in denen es Arbeitskräfte im Überfluß gab. Die Indiodörfer wurden um die Städte herum zu dem Zweck geschaffen, eine bessere Kontrolle auszuüben und einheimische Arbeitskräfte in der Nähe zu haben. Markman stellt fest, daß „die Indiodörfer aus der Sicht der Spanier Einheiten darstellten, die am Rand der spanischen Dörfer und in Abhängigkeit von ihnen existieren sollten. Daher verwandelte sich jede spanische Stadt in einen Planeten, der von Satelliten umgeben war, aus denen er seinen Lebensunterhalt bezog."[85]

Andere Städte wuchsen in den Bergbauzentren selbst, wie Potosi. Zu Beginn des 17. Jahrhunderts umfaßte es schon 4 000 Häuser von Spaniern und mehr als 40 000 von Indios und, nach Aussage des spanischen Chronisten Cieza de León, einen der größten Märkte der Welt. In einer Studie über die Entstehung der Kerne von Siedlungen der Ureinwohner bemerkt Francisco Solano: „Die Entdeckung von neuen Bergbaugebieten in der Nähe von Lebensräumen von Stämmen mit sehr primitivem kulturellem Niveau bedeutet den Beginn der Umgestaltung der Landschaft, die Gründung städtischer Kerne und von Indiodörfern, die diese Ureinwohner binden sollen. Als Modell für dieses Vorhaben wird die systematische Umsiedlung einheimischer, schon kultivierter Völker gefördert, zu dem spezifischen Zweck, eine erste Unterstützung durch Arbeitskräfte zu haben."[86]

José Luis Romero, der eine bemerkenswerte Studie über die lateinamerikanischen Städte geschrieben hat, weist darauf hin, daß einige Hauptstädte, wie Mexiko, Lima und Buenos Aires etwa hundert Häuserblöcke umfaßten. „Wenn auch etwas langsam und zurückhaltend, schritt doch die Entwicklung der Städte zunehmend voran. Indem sich das Leben durch die täglichen Aktivitäten organisierte und regulierte, traten allmählich unaufschiebbare Erfordernisse auf, um die man sich kümmern mußte, vor allem in den bedeutenden Städten. Mit 2 000 oder 3 000 Einwohnern konnte eine Stadt vielleicht noch ohne Regulierung ihres Wachstums und ohne Organisation ihrer Dienstleistungen auskommen. Wenn sie sich aber einer Marke von 10 000 Einwohnern näherte oder sie überschritt, traten die Unausgewogenheiten, die dem städtischen Leben zuwiderliefen, deutlich vor Augen. Die Reaktion darauf waren einige der städtebaulichen Projekte größeren Umfangs. Mexiko, das mitten in einem See gebaut worden war, entdeckte das gewaltige Problem der Überschwemmungen, denn bei der Gründung der spanischen Stadt hatte man die natürliche Entwässerung verändert. Die ersten Überschwemmungen gab es 1553, und sie wiederholten sich mehrere Male, ohne daß mehr unternommen wurde, als die Folgen zu beheben. Aber zu Beginn des 17. Jahrhunderts, als der Vizekönig Montesclaros den Bau des Aquädukts von Chapultepec anging, um die Stadt mit Wasser zu versorgen, wurde auch ein gewaltiges Abwasserprojekt geplant und ausgeführt, das mehr als ein Jahrhundert in Anspruch nahm. Die Wasserversorgung war ein Anliegen aller Städte, dem durch die Einrichtung öffentlicher Quellen auf den Plätzen Rechnung getragen wurde. Aber die städtische Abwasserbehandlung, die aus einfachen, offenen Ablaufrinnen in den Straßen bestand, verbesserte sich nicht. In den Hauptstädten wurde für die Pflasterung einiger Straßen gesorgt. In Mexiko wurden darüber hinaus Wassergräben, Abwasserkanäle und Brücken zur Überquerung der Kanäle angelegt... Sicherlich drückten die religiösen Bauten der spanischen Stadt ihren Stempel auf, die mit der zivilen Architektur nicht vergleichbar waren. Sie zeigten die außerordentliche Bedeutung der Kirche innerhalb der Gesellschaft und die Grundzüge der Mentalität ihrer oberen Klassen. Aber sie zeigten darüber hinaus auch einige wichtige soziale und kulturelle Phänomene, da die Architekturstile ebenso dem Einfluß Spaniens wie den eigenen Bedingungen der Stadt und der Region unterlagen. Für die

Kathedrale von Santo Domingo wurde der isabelinische Stil übernommen, und es fehlte nicht an Versuchen, den Platerostil einzuführen. Aber der erste wichtige Einfluß ging von dem Herrera-Stil aus. Genaugenommen war der Barock der Stil mit dem entscheidenden Einfluß... Es gab viele Bauwerke im Barock-Stil, viele von ihnen eine mehr oder weniger getreue Imitation des Vorbildes in Spanien. Außerdem gab es aber auch Formen, die spontan geschaffen wurden, und die das Mestizen-Barock darstellten... Das Auftreten eines Mestizen-Barock kündigt eine gewisse Krise der Barock-Gesellschaft an: eine spanische Oberklasse, die eine dunkelhäutige Jungfrau toleriert, zeigt damit, daß sie einige Elemente der einheimischen Kulturen übernommen hat."[87]

Am Ende der Kolonialzeit waren die Städte in vollem Wachstum begriffen. Mexiko und Salvador de Bahia (Brasilien) überschritten die Zahl von 100 000 Einwohnern, Lima erreichte 60 000, Buenos Aires, Rio de Janeiro und Santiago überschritten die 40 000. Diese Städte veränderten die Landschaft und auch teilweise die Umwelt, indem sie sich in den ersten nicht-natürlichen Ökosystemen herausbildeten, die im lateinamerikanischen Raum auftauchten.

Die menschliche Gesellschaft begann, sich um das nichtnatürliche Ökosystem herum zu entwickeln, wobei sie es verstärkte und immer künstlicher und von äußeren Energiezuflüssen abhängiger machte. Gleichzeitig wurden die Formen des in die Umwelt integrierten Zusammenlebens, die jahrhundertelang von den Gemeinschaften der Ureinwohner praktiziert worden waren, immer mehr aufgegeben und zerstört.

Beschleunigung der Umweltzerstörung von der republikanischen Epoche bis in die ersten Jahrzehnte des 20. Jahrhunderts

In der republikanischen Epoche wurden die Formen der Ausbeutung, die durch die spanische Kolonisation eingeführt worden waren, weiter betrieben. Dabei beschleunigte sich der Prozeß der Zerstörung der lateinamerikanischen Ökosysteme.

Die Revolution von 1810 veränderte die Form der politischen Herrschaft, nicht die aus der Kolonialzeit übernommene sozioökonomische Struktur. Die verschiedenen Gruppen der herrschenden kreolischen Klasse waren auf eine Wirtschaftspolitik festgelegt, deren gemeinsamer Nenner der Export von Agrar- und Bergbauprodukten war.

Da der Befreiungsprozeß auf die formale politische Unabhängigkeit beschränkt blieb, fielen unsere lateinamerikanischen Länder bald einer neuen Art von Abhängigkeit zum Opfer. Da die Bindungen mit Spanien und daher auch mit dem Handelsmonopol des Reiches zerstört waren, benötigte die kreolische Bourgeoisie andere Märkte für den Absatz ihrer Agrar- und Bergbauprodukte. Sie fand sie in den Metropolen Europas, die mitten in der industriellen Revolution begriffen waren. Um sich bessere Preise und eine höhere Nachfrage nach ihren Rohstoffen zu sichern, mußte sich die herrschende kreolische Klasse dazu verpflichten, den uneingeschränkten Zustrom ausländischer Manufakturprodukte zuzulassen, was die Entwicklung einer nationalen Industrie mit eigener Technologie verhinderte. Auf diese Weise wurden die Grundlagen für einen neuen Kolonialpakt gelegt.

Die internationale Arbeitsteilung, die von der industriellen Revolution beschleunigt wurde, trieb die zunehmende Abhängigkeit auf die Spitze, da bei der weltweiten Aufteilung, die von den Großmächten durchgesetzt wurde, unseren Ländern nur die Rolle als reine Rohstofflieferanten und Importeure von industriellen Produkten zugedacht war.

So verstärkte sich der Charakter unseres Kontinents als Produzent weniger Rohstoffe, was die Vielfalt der Ökosysteme beeinträchtigte und sich verletzlicher machte. Die fruchtbarsten Böden wurden nur für den Anbau von Exportprodukten genutzt. Die Zerstörung der Wälder zur Schaffung von Anbauflächen für die Exportwirtschaft beschleunigte sich. Die Gemeinschaften von Eingeborenen, die am Ende der Kolonialzeit noch einige Parzellen bewahrten, wurden von ihrem Boden vertrieben, so daß die einzigen Einwohner, die eine Integration in die Ökosysteme aufrechterhielten, ausgeschaltet waren.

Der Landbesitz, der in großen Latifundien konzentriert war, wurde für die groß angelegte Viehzucht oder für den Anbau bestimmter Getreidesorten und bestimmte Pflanzungen eingesetzt. Damit verfestigte sich ein landwirtschaftliches Subsystem mit geringer Diversifikation, was die Zerstörung der Ökosysteme verschärfte. Die Felder wurden in große Haciendas verwandelt, in Gebieten, die zum Nutzen des Ökosystems besser hätten genutzt werden können.

Die Fischereifirmen verstärkten die Ausbeutung der Meeresfauna. Pedro Cunill weist darauf hin, daß „die ausländischen Harpunenschiffe von 1830 bis 1840 vor der Küste Perus mehr als 41 Millionen Gallonen Walrat-Öl erbeuteten und ähnliche Mengen vor der chilenischen Küste erzielten. Seit den 60er Jahren des 19. Jahrhunderts ist der Prozeß der Vernichtung dieser Wale irreversibel, wobei neue Fangmethoden mit Harpunengeschützen entwickelt wurden. Die letzten Gegenden, die erreicht wurden, befinden sich in den antarktischen Meeren, wo etwa um 1904 die Endzeit der modernen Zerstörungsjagd beginnt... 1834 wurde für die Niederlassung von Seehund-Jägern, die von Händlern aus Valparaiso abhängig waren und sich auf den Mas Afuera-Inseln niederlassen wollten, Ziegen und Holzgehege gefordert, wobei versichert wurde, daß die natürlichen Lebensräume der Seehunde und ihre Vorkommen fast zerstört waren. Außerdem war zur selben

Zeit der Prozeß der Ausrottung des Sandelholzbaums schon sehr fortgeschritten. Das lag an der Abholzung durch Wolfsjäger, Walfänger, ausländische Schmuggler und durch verbannte Chilenen, die an Händler lieferten, die dieses wertvolle Holz auf die Märkte von Kanton und anderen Orten des Fernen Ostens schickten."[88]

Auch im 19. Jahrhundert verschärfte sich die unterschiedslose Jagd auf die Fauna des Festlands. „Die Ausrottung anderer Vorkommen der Fauna, die die Nahrung der ärmsten Bauern des peruanischen Berglandes, des bolivianischen Hochlandes und des Nordens von Chile ergänzten, war noch brutaler, was man bei den Rebhühnern, Viscachas (Hasenmäusen) und der Guashua-Gans beobachten kann. Diese Entwicklung läßt sich exemplarisch beim Chinchilla (Chinchilla boliviana) aufzeigen, da zwischen 1895 und 1900 mehr als 1685 Mio. Felle aus den Gegenden von Vallenar und Coquimbo exportiert wurden. Später, im Jahr 1910, wurden 153 000 Felle exportiert. In den wenigen Jahren war die Tierart ausgerottet worden und damit mußten die Jäger ihres feinen Pelzes ihr Wohngebiet in mehr als 4 000 Meter Höhe aufgeben und dorthin übersiedeln, wo es Arbeit in der Viehzucht und im Bergbau gab."[89]

Die Flora wurde ebenfalls von den kapitalistischen Unternehmen, die nur an einer Steigerung ihrer Exportquoten interessiert waren, zerstört. „Es ist wichtig, deutlich aufzuzeigen, daß die Bergwerksproduktion in den Zentralanden mit der Ausrottung der lokalen Flora einhergeht. So verschlang die Gewinnung von Quecksilber in Huancavelica den ohnehin schon kargen, nahegelegenen Gebirgswald an Quisar- und Lloqui-Bäumen, so daß man neue Öfen erfinden mußte, um als Brennstoff die örtlichen Süßgräser verwenden zu können, die den Namen *Ichu* tragen. Gleichermaßen vernichtete im bolivianischen Hochland der koloniale Bergbau die kargen Vorkommen an Kishuara- und Kehuina-Bäumen. Außerdem wurden die Vorkommen des Tola-Baums gelichtet und im

Bergbau des 19. Jahrhunderts weiter ausgerottet. In unserem Jahrhundert traf es die *Yareta*, eine harzhaltige Kriechpflanze, die als Brennstoff wegen ihres hohen Energiegehalts sehr geschätzt ist. Die Holzknappheit auf der Hochebene geht so weit, daß heute die Indio-Völker die Takia-Pflanze oder getrocknete Viehexkremente als Brennstoff verwenden müssen."[90]

Die lateinamerikanische Ökonomie war den Rohstoffbedürfnissen der europäischen Metropolen untergeordnet. Mitte des 19. Jahrhunderts begann die Ausbeutung fossiler Brennstoffe wie der Kohle. Während die Kohle in Europa, besonders in England und Deutschland, für die Entwicklung einer nationalen Industrie verwendet wurde, war sie in Lateinamerika für den Export bestimmt, was die Abhängigkeitsverhältnisse verstärkte. Die gleiche Entwicklung wiederholte sich bei der Ausbeutung des Erdöls, besonders in Venezuela und Mexiko. Die Ökosysteme wurden auch zunehmend durch den massiven Holzeinschlag für die Schmelzöfen für Kupfer, Zinn und andere Erze, die man in die europäischen Zentren schickte, geschädigt. Zusammengefaßt kann man also feststellen, daß unsere Energiequellen — Kohle, Holz und Erdöl — zum Vorteil der hochindustrialisierten Metropolen ausgebeutet wurden.

Nach Ansicht von Gligo und Morello „vollzog sich der Eingriff in die Ökosysteme bevorzugt in gemäßigten Zonen. Man kann diese Periode als diejenige kennzeichnen, in der die klimatisch gemäßigten Ökosysteme verändert oder in sie eingegriffen wurde. Die Eingriffe in die Tropen waren auf den Einflußbereich der Küstengebiete und auf die Einsetzung von ökologischen Enklaven des Anbaus von Baumwolle, Kaffee, Kakao und Zucker beschränkt... Wo sich der Bergbau entwickelte, wurden alle benachbarten Waldvorkommen für den Einsatz in den Schmelzöfen abgeholzt. Außerdem wurden alle Wiesenflächen überausgebeutet durch die Überweidung durch Maultiere, Esel und Pferde... Die zerbrechlichen Ökosysteme des Hochlandes, die durch menschliche Eingriffe sehr leicht verletzbar waren, wurden schnell zerstört. Ausgehend von halbtrockenen Bedingungen wurden sie in vielen Bereichen zu Zonen zunehmender Verwüstung. Indem die großen Landbesitzer die kleinen Bauern abhängig machten und sich den Überschuß aneigneten, den sie produzierten, zwangen sie die Bauern, den Boden übermäßig auszubeuten. Die einheimischen Kamele mußten die Futtervorkommen mit den Schafen und in einigen Regionen auch mit den Ziegen teilen. Die Vikunjas wurden wegen der hohen Wertschätzung ihrer Wolle dezimiert... In der halbtrockenen Pampa wurde die Auswirkung der Überweidung schnell spürbar, da zunehmend eine Vegetation aus Trockengräsern niedriger Dichte vorherrschte. In der feuchten Pampa (Argentinien) trugen das Legen von Bränden und die eingeführten Pflanzen zur Umwandlung der Vegetation bei. Die Umwandlungen bezogen auch die Fauna mit ein. Die Weidetiere ersetzten und vertrieben das Guanaco und den Nandu immer mehr... Im Nordwesten (Brasilien) verschlimmerte das Vorgehen des Menschen die Auswirkungen der Trockenheiten erheblich. Die Zerbrechlichkeit dieser trockenen Ökosysteme, in die schon im vergangenen Jahrhundert durch Überweidung eingegriffen worden war, wurde durch extreme Dürren verschärft. Durch die massive Auswanderung der Bevölkerung aus diesen Gebieten schuf das auch ernste Probleme für die feuchteren Gebiete der Küste oder des Berglandes. Schon am Ende des vergangenen Jahrhunderts gab es in dem ganzen trockenen Siedlungsgebiet große Bereiche mit offensichtlichen Erosionsprozessen und einer zerstörten Vegetation... In Mexiko gab es nach der Unabhängigkeit eine Reihe von Veränderungen, die seine verschiedenen Ökosysteme schädigten. Im trockenen Norden ging der langsame Prozeß der Zerstörung durch die intensive Viehzucht weiter, verschlimmert durch extreme Dürreperioden... Die Huaxtecas, ein anderes großes Volk, das seine 'ökologische Nische' verteidigte, mußten sich schließlich wegen der Durchsetzung einflußreicher und mächtiger Interessen zurückziehen."[91]

Die Exportwirtschaft schuf die wesentlichen Eigenschaften der städtischen Subsysteme Lateinamerikas. Die Städte wurden nach den Bedürfnissen des Exports von Produkten der Landwirtschaft und des Bergbaus gestaltet. Die Städte, die in der Kolonialzeit gegründet worden waren, erreichten in der republikanischen Zeit ein erhebliches Wachstum, vor allem in der zweiten Hälfte des 19. Jahrhunderts, in der es zu einem deutlichen Wachstum des Exports kam. Die Stadt verdrängte das Land, wurde zum wirtschaftlichen, politischen und kulturellen Zentrum. Sie war der Sitz der politischen Verwaltung sowie der Unternehmer, Kaufleute und Handwerker. Der Gegensatz zwischen Stadt und Land vertiefte sich in dem Maße, in dem unsere Länder eine klarere kapitalistische Physiognomie erhielten, wobei der Zentralismus der Hauptstädte auf Kosten der Agrarprovinzen zunahm.

Die Bürgerkriege nach der Unabhängigkeit, die ein Ausdruck der Rebellion der Provinzen gegen die Hauptstadt waren, endeten mit dem Sieg der Zentralisten über die Föderalisten. Die Zentralisten waren, um es mit den Worten von Sarmiento in seinem Buch *Facundo** zu sagen, die Vertreter der Zivilisation im Kampf gegen die „Barbarei" der Provinz.

Trotz des militärischen Sieges der Hauptstädte blieben die regionalen Interessen und die Verbitterung der Provinzen über die Zentralmacht bestehen, was die Konsolidierung der Nationalstaaten verzögerte. Die Andenbewohner Venezuelas, die Bewohner der Ebenen von Apure und die Maracuchoc von Zulia standen der Vorherrschaft von Caracas weiterhin argwöhnisch gegenüber und wurden schließlich nur durch Ge-

---

* Gemeint sind der argentinische Schriftsteller Domingo Faustino Sarmiento (1811-1888) und sein Werk *Zivilisation und Barbarei: das Leben von Juan Facundo Quiroga* (1845). Eine deutsche Übersetzung erschien 1911 in Buenos Aires.

walt unter der Diktatur von Juan Vicente Gómez in den Nationalstaat integriert. In Kolumbien gipfelten die Bürgerkriege — die in dem kürzlich erschienenen Buch von Alvaro Tirado Mejias schonungslos behandelt werden — in den langen Kämpfen am Ende des Jahrhunderts, die Tausende von Toten kosteten. In Argentinien konnte der Kampf der Provinzen gegen die Hauptstadt, der länger als ein halbes Jahrhundert gedauert hatte, in den achtziger Jahren des 19. Jahrhunderts unter der Regierung von Avellanda mit Mühe überwunden werden. In Chile führte der Gegensatz zwischen Hauptstadt und Provinzen zu den Bürgerkriegen von Anfang des 20. Jahrhunderts. In Brasilien entstanden wichtige separatistische Bewegungen im Nordwesten (1824) und im Süden (1835-1848), die nur durch die ökonomische Übermacht von Rio de Janeiro erstickt wurden. Ähnliche Formen der Rebellion der Bewohner der Provinzen gegen die der Hauptstadt gab es in Peru, Bolivien, Mexiko und Mittelamerika.

Der Triumph der Städte und Hauptstädte bedeutete die Zerschlagung der kleinen landwirtschaftlichen Ökonomien und der handwerklichen Industrien der Provinzen, denen es gelungen war, eine eigene Technologie hervorzubringen. Die unbegrenzte Aufnahme ausländischer Manufakturprodukte, die von der Politik der Zentralregierung jedes lateinamerikanisches Landes gefördert wurde, vereitelte jede Chance, eine nationale Industrie mit einer den Möglichkeiten des Landes angemessenen Technologie zu schaffen.

Darüber hinaus veränderten die ausländischen Waren die Art der Kleidung, die Gebräuche und sogar die Ernährung. Die Abhängigkeit zeigte sich nicht nur in der Ökonomie, sondern auch in der Kultur. Das Übergewicht des ausländischen Handels war so deutlich, daß man in den Zentren der großen Städte wie Buenos Aires, Mexiko, Santiago, Rio de Janeiro, Lima usw. viele Personen Englisch oder Französisch sprechen hörte. Sogar die Bräuche änderten sich bei Teilen der herrschenden Klasse und des Kleinbürgertums. Die Gitarre wurde durch den Flügel ersetzt, der kreolische Mate-Tee durch den Whisky.

Es gab nicht nur eine Abhängigkeit von den europäischen Metropolen, sondern es entstand auch eine Art von Abhängigkeit oder innerem Kolonialismus zwischen Hauptstadt und Provinzen, eine Erscheinung, die den Prozeß der Unterentwicklung der Regionen des Landesinneren beschleunigte. Die Stadt eignete sich einen großen Teil des wirtschaftlichen Überschusses an, den die Provinzen hervorbrachten, wodurch die Teilung der Arbeit zwischen Stadt und Land vollendet wurde. „Die kreolische Bourgeoisie hatte", wie José Luis Romero sagt, „von ihren Vorgängern im spanischen Weltreich und in einigen brasilianischen Städten wie Recife, Sao Paulo und Rio de Janeiro die Überzeugung von der hegemonialen Rolle der Städte als Zentrum der Region, von dem aus das Leben in der ländlichen Umgebung gesteuert werden sollte, geerbt. Und diese Überzeugung verfestigte sich immer mehr, in dem Maße, wie die städtische Gesellschaft von der merkantilistischen Mentalität durchdrungen wurde. Merkantilisten und Kapitalisten, England und Frankreich, waren die hegemonialen Zivilisationen, und die kreolische Bourgeoisie glaubte wie ihre Großväter, die spanischen Edelleute, daß die Städte die Brennpunkte der Zivilisation seien... Die Städte nahmen in gewissem Ausmaß ländliche Züge an, aber nur in ihrer Erscheinung, in den Bräuchen und Normen, in dem erklärten Festhalten an gewissen einheimischen Gewohnheiten. Im Grunde wurde die ländliche Gesellschaft allmählich wiederum auf die städtischen Vorbilder reduziert... Nach 1870 begann die langsame Veränderung anderer Städte. Mehrere übernahmen die Gasbeleuchtung, führten die Pferdetrambahnen ein, perfektionierten die Versorgungssysteme, begannen, einige Straßen zu pflastern und verbesserten die Sicherheitsdienste. Das Wachstum der Bevölkerung führte zu einer Ausdehnung der alten Vorstädte und zur Bildung neuer. Die Eisenbahnstation war, wie die Häfen, ein einzigartiger

Kern städtischer Entwicklung... Viele Städte verbesserten ihre Infrastruktur substantiell. Viele Häfen wurden umgebaut, wobei Verteidigungsanlagen, Molen, Lagerhallen, Kräne und Schienenwege neu gebaut oder erweitert wurden. Und wegen der Epidemien, die auf dem Seeweg eingeschleppt wurden, wurden Gesundheitsdienste errichtet: es war Osvaldo Cruz, der die furchtbare Schlacht gegen das Gelbfieber in Rio de Janeiro führte. Für die Vervollständigung der Schaffung hygienischer Verhältnisse in den großen Städten war nicht nur präventive medizinische Betreuung notwendig. Der Bau von Abwassersystemen und Leitungssystemen für fließendes Wasser wurde forgesetzt. Man begann, Flüsse und Bäche in Röhren zu zwängen, und über einige von ihnen verliefen wichtige Straßen, wie die Jiménez de Quesada in Bogotá oder die Juan B. Justo in Buenos Aires. Die öffentliche Gasbeleuchtung blendete diejenigen, die an Ölleuchten gewöhnt waren, und die Elektrizität erfüllte die Zuschauer mit Schrecken, als die ersten elektrischen Lichtquellen eingeschaltet wurden. Die Pferdetrambahnen wurden durch elektrische Trambahnen ersetzt, und später nahmen die Autobusse den Betrieb auf. In mancher Stadt wurde ein Flughafen gebaut. Und als sich schon die Verwendung des Telegraphen und des Telefons verbreitet hatte, erhoben sich auch immer mehr Sende- und Empfangsantennen für den Rundfunk."[92]

José Luis Romero unterscheidet für das 19. Jahrhundert kreolische, patrizische und bürgerliche Städte. Wir können diese Charakterisierung vervollständigen, indem wir die wichtigsten städtischen Kerne des vergangenen und der ersten Jahrzehnte des jetzigen Jahrhunderts als auf den Export angelegte Handelsstädte kennzeichnen.

Der Bedarf der Städte führte zu einer verstärkten Nachfrage nach Arbeitskräften, so daß es in der zweiten Hälfte des 19. Jahrhunderts zum Beginn der Migration vom Land in die Städte kam. In den Städten entstehen Mittelklassen, die sich insbesondere aus Handwerkern, kleinen Kaufleuten, Gewerbetreibenden und speziellen Angestellten und Funktionären des Staates zusammensetzten und sich zunehmend modernisierten. Zugleich entstehen die ersten Kerne der Arbeiterschaft, die in den Manufakturbetrieben arbeiten, von denen viele noch handwerklichen Charakter haben. Die Handels- und Finanzbourgeoisie, die mit den Grund- und Bergwerksbesitzern zusammenhängt, fördert die Umwandlung der Stadt, wobei sie dem Vorbild der Architekturstile der europäischen Metropolen folgt.

Die modernen Gebäude, von denen viele Sitz großer Firmen waren, zeigten die Durchdringung mit ausländischem Kapital, vor allem am Ende des vergangenen und zu Beginn unseres Jahrhunderts. Die Städte besaßen Transportmittel, wie die modernen Trambahnen, die Ausdruck der, wenn auch kärglichen, kapitalistischen Entwicklung unseres Kontinents waren.

Die Stadt begann, sich allmählich in ein gescheitertes Ökosystem zu verwandeln. Ein großer Teil der Energie mußte importiert werden, besonders der Brennstoff und die Lebensmittel. Dieser Prozeß verstärkte sich seit den 30er Jahren des 20. Jahrhunderts, d.h. seit der Zeit der Industrialisierung der lateinamerikanischen Städte.

Dieses Wachstum der Städte bedeutet nicht, daß unsere Länder im vorigen Jahrhundert schon industrialisiert waren. Im Grunde waren es noch immer Agrarländer. Der Anteil der Landbevölkerung in den Ländern Mittelamerikas, in Peru, Bolivien, Brasilien, Ecuador, Kolumbien, Mexiko und in anderen Ländern lag bei über 80%.

Die demographische Veränderung wurde in der zweiten Hälfte des 19. Jahrhunderts sichtbar. Um 1850 überschritt die gesamte Bevölkerung Lateinamerikas kaum 30 Millionen. Von 1850 bis 1900 verdoppelte sie sich. Buenos Aires hatte 1895 etwa 600 000 Einwohner, Rio etwas über eine halbe Million, Mexiko 325 000 und Santiago 256 000. Havanna, Montevideo, Lima, Valparaiso, Bogota und Recife schwankten zwischen 150 000 und 200 000 Einwohnern. Das Wachstum nahm vor allem wegen der europäischen Immigration zu Anfang des 20. Jahrhunderts zu. Buenos Aires hatte 1909 1,231 Mio. Einwohner, von denen etwa die Hälfte Auswanderer waren, vor allem Italiener. Mexiko überschritt um 1930 die Zahl von einer Million Einwohnern.

Diese Art der ungleichen, heterogenen und kombinierten Entwicklung bewirkte die Migration von einer Stadt zur anderen. Diese Erscheinung war das Resultat des Wachstums der Städte, die zu Hauptzentren des Exports geworden waren. Recife, im Nordwesten von Brasilien, zählte in der Mitte des vergangenen Jahrhunderts mehr als 100 000 Einwohner, als es sich in ein bedeutendes Zentrum des Zucker- und Baumwollexports verwandelte. Als dieser Export zurückging, wanderten viele Einwohner nach Rio de Janeiro und Sao Paulo, den Zentren, wo die Produktion und der Export von Kaffee gelenkt wurden. Die Städte wuchsen, stagnierten und verfielen dem Auf und Ab der Exportwirtschaft entsprechend. „Schon 1880 hatte sich der Nordwesten in die ständig arme Region Brasiliens verwandelt, während der Süden, der sich auf Rio de Janeiro und Sao Paulo stützte, die politischen und ökonomischen Zügel des Landes in die Hand nahm. Portugiesische Emigranten, von denen viele Recife und Salvador seit dem 18. Jahrhundert bevölkert hatten, gingen nun nach Rio. Ebenso betraf die große Welle von italienischen, deutschen und spanischen Emigranten, die den Süden Brasiliens in den Jahrzehnten vor dem ersten Weltkrieg überflutete, kaum die nördliche Region."[93]

Das städtische Subsystem verschlimmerte die Umweltzerstörung beträchtlich. Die Ökosysteme wurden für die Städte und Häfen, über die der Export von landwirtschaftlichen Gütern und Produkten des Bergbaus abgewickelt wurde, ausgebeutet. Die Zerstörung verstärkte sich seit den 30er Jahren des 20. Jahrhunderts mit dem Beginn des Industrialisierungsprozesses, der unsere Agrargesellschaften in städtische Gesellschaften verwandelte.

V. Die städtisch-industrielle Gesellschaft und die Umweltkrise Lateinamerikas

Der Industrialisierungsprozeß, der in Lateinamerika in den dreißiger und vierziger Jahren des 20. Jahrhunderts begann, war einer der Hauptverursacher der ökologischen Krise, die unser Kontinent heute durchmacht. Die Industrialisierung vollzog sich in ihrer ersten Phase auf der Grundlage der Leichtindustrie, wie Textilien, Leichtmetallprodukte, Nahrungsmittel, Leder und Schuhe.

Die Nachfrage nach Arbeitskräften beschleunigte die Migration vom Land in die Städte, wodurch es zu einem exponentiellen Wachstum der lateinamerikanischen Städte kam. Nach den Statistiken der Vereinten Nationen wuchs die städtische Bevölkerung von 40,47% im Jahr 1950 auf 56,20% 1970 und auf 66,88% 1985.[94]

Die Länder mit den höchsten städtischen Bevölkerungsanteilen sind Chile mit 83,6%, Argentinien mit 80,4% und Uruguay mit 78,41% im Jahr 1970. Andere Länder, wie Haiti, Honduras, Guatemala, Bolivien etc. liegen unter 50%. Die Tendenz zeigt jedoch, daß die Mehrheit der lateinamerikanischen Staaten 1985 den 50%-Anteil überschritt. Das bedeutet, daß sich unsere Länder von Agrarstaaten in überwiegend städtisch geprägte Staaten verwandelt haben.

Man muß zwischen Industrialisierung und Verstädterung unterscheiden. Während es in der Tat zutrifft, daß in den dreißiger, vierziger und fünfziger Jahren das Wachstum der Städte hauptsächlich auf den Industrialisierungsprozeß zurückzuführen war, ist in den letzten zwei Jahrzehnten zu beobachten, daß die Zahl der Industriearbeiter stagniert hat, während die städtische Bevölkerung weiter gewachsen. Markos Mamalakis weist darauf hin, daß, „wenn überhaupt einmal ein starker Zusammenhang zwischen Verstädterung und Arbeitsplätzen in der Industrie bestanden hat, die Kräfte, die die Entwicklung Lateinamerikas beherrschen, ihn praktisch bis zur Unkenntlichkeit geschwächt haben. Die Anziehungskraft der Stadt rührt nicht von der Aussicht her, einen industriellen Arbeitsplatz zu bekommen."[95]

Wir glauben, daß man deutlich machen muß, daß die Industrialisierung nicht bedeutet, daß unsere Länder aufgehört haben, Rohstoffproduzenten zu sein. Die Mehrzahl hängt weiterhin vom Export von Agrar- und Bergbauprodukten ab. Einer der deutlichsten Fälle ist Venezuela, das zutiefst vom Erdöl abhängig ist.

Der Verstädterungsprozeß bedeutet eine Steigerung der Geschäfts-, Finanz- und Bauaktivitäten, wodurch schwerwiegende Transport- und Kommunikationsprobleme entstehen. Lärm, Abfall und Verschmutzung von Luft und Wasser waren der Ausdruck einer tiefen Krise der Umwelt.

Die Industrialisierung und die massive Verstädterung haben zu einem sehr hohen Energieverbrauch geführt. Die neuen Konsumideale haben das Wachstum des Energieverbrauchs beschleunigt, indem sie die Anschaffung der verschiedensten überflüssigen Elektrogeräte gefördert haben.

Die Steigerung der Produktion und die neuen Konsumnormen wurden durch die „Entwicklungs"-Konzeption angeregt, die mehr an einer Art von industriellem „Wachstum" als an einer echten Entwicklung der Ökosysteme interessiert war. Für dieses „Wachstum" wurde die Kontrolle der Industrien durch multinationale Unternehmen ermöglicht und damit der Import einer Technologie verstärkt, die die abhängige Situation unserer Länder verschärft. Der Zustrom ausländischer Investitionen hat in den letzten drei Jahrzehnten durch die Verschiebung des Monopolkapitals vom Bereich der Rohstoffe zur Industrie einen grundlegenden Wandel erfahren.

Einige Anzeichen für die Krise der Umwelt

Die Umweltkrise hat sich im letzten Jahrzehnt durch die Niederlassung von Industrien, die die Umwelt stark verschmutzen, und den Bau von Kernkraftwerken durch multinationale Konzerne verschärft. Die Konzerne verlagern solche Industrien aus den imperialistischen Metropolen in die Länder der sogenannten Dritten Welt, mit dem Ziel, höhere Profitraten zu erzielen und zugleich die ökologischen Protestbewegung gegen die Radioaktivität in den Metropolen zum Schweigen zu bringen.

Nach Angaben von Brailowsky und Foguelman „empfahl eine Gruppe von geladenen Experten bei einem internationalen Treffen, das von den Vereinten Nationen organisiert wurde, daß man versuchen soll, 'die umweltverschmutzenden Industrien in die Entwicklungsländer umzusiedeln' (*Die Entwicklung und die Umwelt*, Founex, Schweiz, 4.-12. Juni 1971). Dieser Vorschlag war so extrem, daß die Experten der entwickelten Welt ihn mit den folgenden Behauptungen rechtfertigen mußten: 'Erstens ist es möglich, daß die Industrien, die in einigen fortgeschrittenen Ländern (wegen der begrenzteren Aufnahmekapazität ihrer Umwelt) als umweltverschmutzend angesehen werden, im Kontext der Entwicklungsländer, die heute viel weniger Umweltverschmutzung haben, gar nicht oder in viel geringerem Ausmaß umweltverschmutzend sind. Zweitens ist es möglich, daß die Normen und Ausgaben für die Umwelt in der entwickelten Welt sehr verschieden von denen der Entwicklungsländer sind, so daß die Entwicklungsländer vielleicht im Vergleich einen Vorteil erzielen könnten.' ... In einem Artikel, der von dem Informationsbüro der Vereinigten Staaten (gezeichnet von Marshall Goldman in *Economic Perspectives*, Washington, Nr. 5) verteilt wurde, kann man folgende Informationen nachlesen: „Viele Planer in den weniger entwickelten Ländern betrachten die zunehmenden Forderungen nach einer Kontrolle der Umweltverschmutzung in den entwickelten Ländern als einen reinen Segen. Für viele Industrien ist es schon einfacher und billiger, in die Entwicklungsländer überzusiedeln, als die kostspielige Ausrüstung für die Kontrolle der Umweltverschmutzung zu installieren, die erforderlich wäre, wenn sie in ihren Ursprungsländern weitermachen wollten."[96]

Seit mehr als einem Jahrzehnt gibt es eine industrielle Standortverlagerung. „Viele der verlagerten Industrien", schreiben Calcagno und Jakobwicz, „sind umweltverschmutzend, denn in den unterentwickelten Ländern gibt es die Vorschriften für den Umweltschutz nicht, die in den imperialistischen Zentren bestehen. In den meisten entwickelten Ländern haben die Behörden Umweltschutzbestimmungen aufgestellt, die für die Unternehmen eine Erhöhung ihrer Produktionskosten bedeuten. Die Verlagerung von umweltverschmutzenden Industrien in die unterentwickelten Länder, wo derartige Vorschriften nicht existieren, stellt für die Unternehmen einen erheblichen Vorteil dar. Zwischen 2 und 3% der gesamten Unkosten der Stahlindustrie für die Produkte, die sie außer Erzen benötigen, und der Nahrungsmittelindustrie sind für die Deckung der Kosten des Kampfes gegen die Umweltverschmutzung in den entwickelten Ländern bestimmt. Im Zeitraum von 1973 bis 1979 wurden 6% der Investitionen im industriellen Sektor für den Kampf gegen die Umweltverschmutzung aufgewendet. Dieser Prozentsatz entsprach 22% der Kosten aller Metalle, die außer Eisen verbraucht wurden, 17% der Kosten der Primärmetalle, 14% der Kosten von Stahl und 16% der Kosten von Papier. Die Unternehmen, die in den unterentwickelten Ländern produzieren, vermeiden solche Ausgaben um den Preis einer Zerstörung der Umwelt in diesen Ländern."[97]

Die hochentwickelten Nationen sind dabei, unsere Länder in Lager giftiger Feststoffe zu verwandeln, klagte Blanca Ordonez, der Vertreter Mexikos bei der Weltkonferenz für

Umweltsanierung, die in diesem Land im November 1979 abgehalten wurde.

Ebenso versucht der Imperialismus, zahlreiche Länder Asiens, Afrikas und Lateinamerikas in nukleare Müllhalden zu verwandeln. Seit einem Jahrzehnt versucht er, die radioaktiven Abfälle loszuwerden, indem er sie aus den Metropolen, wo es eine starke antinukleare Protestbewegung gibt, verlagert. Mit dem Argument, daß es zu teuer wäre, sie in den Weltraum oder auf andere Planeten zu schießen, hat man entschieden, sie in die halbkolonialen Länder zu schicken, wohl wissend, daß jede radioaktive Materie zehntausende von Jahren lang kontaminierend wirkt, und daß es nicht möglich ist, sie zu verbrennen oder zu zerstören.

Es gibt die Vermutung, daß die argentinische Militärregierung ein Abkommen mit multinationalen europäischen Firmen unterschrieben hat, nach dem die radioaktiven Abfälle in Patagonien vergraben werden sollen. Diese Beschuldigung wurde von der argentinischen Oppositionsgruppe, die von Jorge Camus, Raúl Rodriguez und Juan Carlos Cornejo Linares geleitet wird, im Oktober 1979 erhoben, anläßlich der Unterzeichnung des Vertrags der Militärregierung mit der deutschen Firma KWU über den Bau des Reaktors Atucha II und mit der schweizerischen Firma Sulzer, die mit der Errichtung einer Fabrik zur Herstellung von Schwerem Wasser beauftragt wurde.

Der Bau von Kernkraftwerken hat in einigen Ländern Lateinamerikas begonnen. Brasilien, Mexiko und Argentinien haben schon mehrere. Venezuela und Chile verhandeln über den Bau von weiteren Reaktoren in den 80er Jahren, trotz der Reibungen zwischen Deutschland und den Vereinigten Staaten, die zur Zeit gegen die Weitergabe dieser Technologie sind.

So hat in Lateinamerika das Zeitalter der radioaktiven Gefahr in großem Umfang begonnen, wie zuvor in den Vereinigten Staaten und in verschiedenen europäischen Ländern.

Das nordamerikanische Institut für internationale ökologische Informationen hat in seiner Zeitschrift *World Environment Report* (Dezember 1978) auf die überaus schwerwiegenden Gefahren hingewiesen, die man eingeht, wenn man einen Reaktor, der schon einmal kritisch geworden ist, zerlegt und quer über den Kontinent transportiert. Es hat auch das Nuklearprogramm für einen kompletten Brennstoffkreislauf in Brasilien als umstritten bezeichnet, nachdem die deutsche Zeitschrift *Der Spiegel* behauptet hatte, es gebe technische Mängel in einem wichtigen Servicevertrag, der von der brasilianischen Militärregierung und der BRD unterzeichnet wurde.[98] Das gesamte Vorhaben wird einen Wert von 7 Milliarden US-Dollar haben, wobei Westdeutschland sich dazu verpflichtet, acht Schwerwasser-Reaktoren zu liefern, dazu mehrere Fabriken zur Anreicherung und Wiedergewinnung von Uran.[99]

Die mexikanischen Arbeiter des Atomkraftswerks von Salazar haben mir 1980 eine Broschüre gezeigt, die sie gerade erstellt hatten, in der sie die Gefahren der Radioaktivität darstellten, denen alle ihre Kollegen ausgesetzt waren: a) auf jeweils 30 Arbeiter kommt eine Verkürzung des Lebens um insgesamt 5 Jahre; b) es gibt eine Latenzzeit, bevor sich die Wirkung der Strahlung zeigt, die zwischen einigen Tagen und einigen Jahrzehnten liegt; c) die Energiemenge, die erforderlich ist, um spürbare Auswirkungen auf das Zellgewebe zu erzeugen, ist extrem gering; d) die Schäden können somatischer oder genetischer Art sein, wobei die letzteren qualitativ wichtiger sind; e) für die Langzeitauswirkungen ist bewiesen, daß es keine Schwellendosis gibt, d.h. daß jede beliebig kleine Dosis einen Schaden erzeugt; f) Strahlendosen, die bei Anwendung in begrenzten Körperbereichen (wie bei der Therapie) keine schweren Auswirkungen haben, können tödlich sein, wenn sie auf den ganzen Körper angewendet werden; g) in den Uranfabriken sind die Arbeiter äußerer Beta- und Gammastrahlung ausgesetzt, zudem innerer Kontaminierung durch Inhalation oder Verschlucken von radioaktiven Stoffen, die inbesondere in den Abteilungen freigesetzt werden, wo das Uran gemahlen, ausgefällt und getrocknet wird; h) die Arbeiter bekommen Krebs, Erbkrankheiten, Atemwegserkrankungen, Grauen Star, Blutkrebs, Veränderungen an den Eierstöcken bzw. Hoden, die zur Sterilität führen usw.

Dies sind einige Schlußfolgerungen der mexikanischen Arbeiter des Reaktors von Salazar, die am eigenen Leib die Auswirkungen der Radioaktivität erfahren, was sie dazu veranlaßt hat, für ein Programm spezifischer Forderungen zu kämpfen, das von bedeutenden Teilen der Arbeiterklasse unterstützt wird.

Die Verwüstung von Wäldern und des Amazonas-Urwalds

Die Entwaldung geht in Lateinamerika in rasendem Tempo weiter, mit zwischen 5 und 10 Millionen Hektar pro Jahr. Einer der größten Ökozide ist die Zerstörung des Amazonas-Urwalds, des Hauptlieferanten von Sauerstoff auf der Welt. Man schätzt, daß der Amazonasurwald ein Fünftel des Sauerstoffs des Planeten, 15% des Süßwassers und ein Drittel des Holzes der Welt liefert. Brasilianische Spezialisten haben berechnet, daß schon mehr als 10% des Amazonasurwalds zerstört sind. Nach Ansicht von Dr. Kerr, dem Direktor des Amazonas-Forschungsinstituts, wird er in den nächsten 20 Jahren im wesentlichen zerstört werden. Die Ökosysteme des Urwalds sind sehr empfindlich, trotz ihrer scheinbaren Üppigkeit. Die Bäume wachsen auf einer dünnen Bodenschicht, die sich in Laterit umwandelt, wenn der Wald abgeholzt wurde, so daß Schichten harter Erde von mehreren Metern Dicke entstehen, wo nichts mehr wächst. Die Konsequenzen für die Umwelt sind äußerst schwerwiegend, denn durch das

Abholzen der Bäume verringern sich die Regenfälle und es kommt zur Verwüstung.

Die multinationalen Konzerne sind im Bund mit der Bourgeoisie und dem Staat Brasilien auf der Suche nach Mineralien, Holz und neuem Land für die Viehzucht und die Agroindustrie in den Amazonasurwald eingedrungen. Sie haben die Gemeinschaften der Ureinwohner dezimiert und systematisch die Flora und Fauna zerstört. Diese Unternehmen bringen — in einer Neuauflage der Eroberung des „Wilden Westens" — eine hochentwickelte Maschinerie mit, ziehen Flughäfen und künstliche Städte hoch und rufen so eine der bedeutendsten Bevölkerungsverschiebungen in der Geschichte Brasiliens hervor. Die angeworbenen Arbeiter können weder mit Krankenhäusern noch mit angemessenen Wohnungen rechnen.

Die rote Linie der Transamazonas-Straße, die bis zur peruanischen Grenze reicht, markiert die Route des Ökozids. Vor acht Jahren wurden zwei weitere Straßen eröffnet, die in Cuiaba, der Hauptstadt des Staates Mato Grosso, beginnen. Eine geht nach Santarem (zwischen Manaus und Belem) und die andere über Porto Velho nach Manaus. Karawanen von Siedlern kommen auf der Suche nach dem versprochenen sozialen Wohlstand und kehren enttäuscht zurück, wobei sie Krankheiten wie Tuberkulose, Malaria, die Chagas-Krankheit und andere mitbringen, die man in Rio de Janeiro und Sao Paulo schon für ausgerottet hielt.

Die zerstörte Zone wird allmählich unter dem paradoxen Namen „die rote Wüste vom Amazonas" bekannt. Die Zerstörungen haben die Auswirkungen der Regenfälle verändert und zu immer häufigeren Überschwemmungen durch die Flüsse geführt. Im Februar 1979 waren in verschiedenen Regionen 200 000 Menschen von Überschwemmungen betroffen, 200 kamen ums Leben. Durch die Zerstörung der Wälder sammeln sich Tausende von Tonnen Erde in den Flüssen, die sie in der Regenzeit weiter transportieren. Der deutsche Ingenieur Arthur von Treufenis, der in Parana arbeitet, hat bewiesen, daß die Regenfälle jedes Jahr heftiger und ausgedehnter werden, da durch die Beseitigung der Wälder die Vegetationsbarriere gegen die Winde verschwunden ist, wodurch die Heftigkeit der Unwetter zunimmt.[100]

Für diese Ausbeutung des Amazonasurwalds „optierte man", wie Fernando Henrique Cardoso schreibt, „dafür, enorme Mengen an staatlichen Ressourcen in den Händen großer privater Investoren zu konzentrieren. Der bekannteste Fall ausländischer Investitionen ist die 'Jari Florestal e Agropecuaria'; 'Jari' besitzt 1,5 Millionen Hektar mit ungefähr 12.000 km² und potentiell 36.000 km². Der Eigentümer investierte hier schon ungefähr 200 Millionen Dollar und die Gesamtinvestition (das Agrikultur-Projekt) beträgt ungefähr 300 Millionen Dollar. Die Kosten des industriellen Teils des Projekts (einschließlich der Anlagen zur Elektrizitätserzeugung und zur Zellulosegewinnung) betragen 400 Millionen Dollar. Die Verwaltung des Projekts wird im engen Kontakt mit der Regierung durchgeführt — und zwar mittels pensionierter Militärs, die das Unternehmen anwirbt... Trotz der Proteste von Ökologen und Anthropologen wurden weder die Wälder noch die Eingeborenenbevölkerungen (*poblaciones indigenas*) geschützt. Wir möchten darauf hinweisen, daß es in Amazonien noch Gruppen von *indigenas* ohne Kontakte zu anderen Stämmen gibt — eine Situation, die auf unserem Planeten einmalig und damit von außerordentlicher kultureller Bedeutung ist. Aber all dies wird nicht mit der gebotenen Ernsthaftigkeit berücksichtigt... Da Amazonien groß ist, wird man die *selva* allmählich zerstören, während man die ökologischen und sozialen Konsequenzen der 'Großprojekte' diskutiert. Diese Großprojekte benutzen häufig quasi-Zwangsarbeitskräfte; und aufgrund der Art der Aufgabe des Eindringens in die *selva* wird fast immer außerordentliche Härte beim Einsatz der menschlichen Arbeit angewandt. Das Eindringen in die *selva* kann sehr intensiv und schnell sein. Die Nachfrage auf dem Weltmarkt nach den Nicht-Nadelhölzern (dies sind die Hölzer der Bäume der tropischen Wälder) wächst sehr rasch, während das Angebot abnimmt. Man schätzt, daß die Wälder Südostasiens — mehr oder weniger — zwischen 27 und 30 Jahre und die Afrikas zwischen 13 und 30 Jahre reichen werden; und es sind dies die Hauptlieferanten. Es gibt daher einen umfangreichen Markt für die Hölzer aus Amazonien... Trotz der offiziellen Erklärungen und trotz der Berichte und trotz aller verfügbaren technischen Ressourcen ist es sicher, daß die Form der Eingliederung aus einer internationalisierten oligopolischen Wirtschaft abgeleitet ist, die im Staat (mit all seinen Widersprüchen und Konflikten) ein Werkzeug für die rasche Kapitalakkumulation hat."[101]

Luftverschmutzung

Trotz der Maßnahmen, die die lateinamerikanischen Regierungen angeblich ergriffen haben, ist es eine objektive Tatsache, daß die Luftverschmutzung in den meisten Großstädten einen kritischen Punkt erreicht hat.

In Sao Paulo wurde 1974 wegen einer Wolke, die von Tausenden von Tonnen Kohlenmonoxid gebildet wurde, die mehr als eine Million Fahrzeuge und 75 000 Industriebetriebe produzieren, der Notstand ausgerufen.

In Puerto Rico haben chemische Industrie, Ölraffinerien und der Superhafen zu Erkrankungen der Atemwege bei mehr als einem Fünftel der Bevölkerung geführt, wie in Untersuchungen der medizinischen Fakultät der Universität von Puerto Rico festgestellt wurde. Es versteht sich von selbst, daß die nordamerikanischen Unternehmen den „assoziierten Staat" ausnutzen, um ein Maß an Umweltverschmutzung zu verursachen, das in den Vereinigten Staaten bestraft würde.

Die Luftverschmutzung „im Tal von Mexiko liegt fünf- bis sechsmal so hoch wie der festgelegte zulässige Grenzwert".[102] In Lima „mit seinen 250 000 Fahrzeugen werden jährlich

280 000 Tonnen chemischer Substanzen in die Umwelt freigesetzt, 87% davon Kohlenmonoxid".[103]

Was die Luftverschmutzung durch den Bergbau betrifft, so ist der Cerro de Pasco in Peru einer der schwerwiegendsten Fälle. Der Minister für Energie und Bergbau, General Jorge Fernández Maldonado, sagte 1974: „Es ist eine bekannte Tatsache, daß der Cerro mit der verschmutzten Luft aus seinen Hochöfen, die vorsätzlich nicht mit Filtern ausgerüstet wurden, das Vieh der bäuerlichen Gemeinden allmählich tötete und die landwirtschaftlich genutzten Böden zerstörte, so daß dieses Land unfruchtbar wurde und so zu unglaublich niedrigen Preisen erworben werden konnte."[104] Der peruanische Schriftsteller Manuel Scorza beschrieb die Auswirkungen der Verschmutzung durch die Ausbeutung des Cerro de Pasco mit spitzen Worten: „Erst Monate später erkannte man, daß der Gießereiqualm die Vögel mordete. Und eines Tages merkte man, daß er auch die Hautfarbe der Menschen veränderte: Die Bergleute bekamen andere Gesichtsfarben. Der Rauch schuf mehrere Varianten — rote, grüne und gelbe Gesichter. Und was noch besser war: Wenn ein blaues Gesicht mit einem gelben die Ehe einging, wurde ein grünes Gesicht geboren. (...) Der Bischof von Huánuco predigte, die Farbe sei eine Vorkehrung gegen eheliche Untreue. Denn wenn ein orangefarbenes Gesicht sich mit einem roten vereinigte, konnte unter keinen Umständen ein Kind mit grünem Gesicht geboren werden. Die Stadt führte einen kreuzbraven Lebenswandel. An einem achtundzwanzigsten Juli, dem Nationalfeiertag, erklärte der Präfekt von der Bühne herab, daß auf diese Weise die Indios bald blond sein würden. Die Hoffnung, Weiße zu werden, erstickte jeden Zweifel. Nur die Bauern beklagten sich weiterhin; weder auf den blauen noch auf den gelben Böden wollte das Saatgut aufgehen."[105]

Wasserverschmutzung

Der Schifffrachtverkehr Lateinamerikas „ist dafür verantwortlich, daß das Meer jährlich durchschnittlich mit etwa 250 000 Tonnen Kohlenwasserstoffen belastet wird. Dazu müssen andere Quellen der Verschmutzung hinzugerechnet werden, so daß man auf mehr als 650 000 Tonnen jährlich kommt. In diesem Jahr, 1979, wird die Zahl wegen des Unglücks, das in Mexiko passiert ist, das zur weltweit schlimmsten Verschmutzung durch Erdöl geführt hat, beträchtlich höher liegen... Folglich ist unter dem Gesichtspunkt der Verschmutzung durch Kohlenwasserstoffe die kritischste Gegend die Karibikregion, neben anderen, begrenzteren Bereichen, wie der Panamakanalzone, der Bucht von Guanabara, dem Golf von Mexiko, der Mündung des Rio de la Plata, der Magellanstraße und der Küste von Ecuador."[106]

Diese Meeresverschmutzung hatte die Ausrottung vieler Arten und den Niedergang des Garnelenfangs in den Zonen Panamas, Ecuadors und Mexikos zur Folge. Die Bestände der Langusten in der Karibik und der Sardinen und Seehechte an den Pazifikküsten sind drastisch zurückgegangen.

Nach einer Studie von CEPAL verursachten in den Städten Lateinamerikas „nur die Abwässer von 5.7 Millionen Einwohnern keine Verschmutzung. Weitere 55.6 Millionen Stadtbewohner verursachten ebenfalls keine 'Abwasser'-Verschmutzung, da sie einfach keine Kanalisation hatten. Und 51.7 Millionen verfügten über eine Kanalisation, aber ihre Abwässer waren eine Quelle der Verschmutzung von Flüssen, Seen oder Meeren, da sie nicht gereinigt wurden".[107]

Erhebliche Teile der schönen Strände Venezuelas wurden wegen des hohen Verschmutzungsgrades zu Sperrgebieten erklärt. In den Seen von Valencia und Maracaibo gibt es fast kein Leben mehr. Die Petrochemie von Morón hat nicht nur 200 km Küste verschmutzt, von Tuacas bis Puerto Cabello, sondern auch die Kokos-, Zitronen- und Orangenwälder.

Der Maracaibosee, nach Francisco Mieres „das größte natürliche Südwasserreservoir Lateinamerikas, ist extrem beeinträchtigt worden... Zu der häufigen Verschmutzung durch Kohlenwasserstoffe, den ständigen Leckagen der 20 000 km Rohrleitungen am Grund des Sees, die einer Korrosion ausgesetzt sind, die vier bis fünf mal größer ist als im Meer, was zusammen eine Verseuchung des Sees und seiner Umgebung zur Folge hat, zu der Versalzung des Limón-Flusses und anderer Flüsse, zur Überflutung des Gebiets an der Ostküste, zu all diesen „Leistungen" der Erdölfirmen, hat auch noch der venezolanische Staat seinen Beitrag geleistet: die Petrochemie und die Chlor-Soda-Fabrik, die in El Tablazo gebaut wurden, die neue Quellen der Vergiftung hinzugefügt haben: Kohlenwasserstoff- und Methyl-Quecksilber-Verbindungen, genau am Zufluß des Sees, in der Zone größter Bevölkerungskonzentration der Region".[108]

Die Gewässer der Guayanas-Region, dem „neuen Pol industrieller Entwicklung" Venezuelas, wurden in hohem Maße verschmutzt, besonders der Orinoco und der Caroni. Mieres sagt voraus, daß „über den Verbrauch des wichtigsten nationalen Erbes — den Kohlenwasserstoffen — hinaus die Verschmutzung von Böden, Gewässern, Flora, Fauna und der Gesellschaft unsere Produktionskapazität von Lebensmitteln bis zu den grundlegenden Dienstleistungen für die Bevölkerung bis zur kritischen Grenze reduziert wird... Eine derart überstürzte und unverantwortlich konzipierte Ausbeutung droht, den letzten Teil unseres Territoriums, der für die Produktion von Nahrungsmitteln verfügbar ist, irreversibel zu zerstören... Die Beschleunigung der Ausbeutung dieser Region bedeutet, daß die Flüsse, Bäche und Böden des Llano ebenso wie das Grundwasser von einer nie dagewesenen Verschmutzung und Zerstörung schwer bedroht sind. So scheint die Verwüstung die unheilvolle Zukunft unserer Llanos zu sein".[109]

Die Zerstörung der landwirtschaftlich nutzbaren Böden

In Lateinamerika hat man in fast alle natürlichen Ökosysteme eingegriffen und hat sie in Agrarsysteme mit einem hohen Grad der Mechanisierung auf der Grundlage großer Energieflüsse, besonders von Erdöl, verwandelt. In dem Grad, in dem die Agrartechnologie modernisiert wurde — was auf der Entwicklung des Agrarkapitalismus, die auf unserem Kontinent in den letzten Jahrzehnten zu verzeichnen ist, beruht —wuchs der Energieverbrauch. Die „Grüne Revolution" hätte eigentlich „Schwarze Revolution" heißen müssen, denn sie hat sich dank eines übermäßigen Verbrauchs an Erdöl entwickelt, wobei sie davon profitierte, daß der Ölpreis bis Anfang der 70er Jahre niedrig war.

Eine biologische Falle der „Grünen Revolution" und ihrer Getreidesorten mit hohem Ertrag stellt die Verringerung der genetischen Vielfalt der Pflanzungen dar. Die sogenannten Hybridpflanzen, d.h. neue Pflanzen, die durch die Kreuzung verschiedener Arten erhalten wurden, liefern einen hohen Ertrag, jedoch mit einer schmalen genetischen Basis. Man hat andere Eigenschaften der Pflanze geopfert, wie ihren Proteingehalt, ihren Geschmack und ihre Widerstandsfähigkeit gegen Krankheiten. Die Kulturen sind anfälliger für Schädlingsbefall, was auf die biologische Einförmigkeit zurückzuführen ist und darauf, daß auf großen Flächen dasselbe Produkt gesät wird, insbesondere bei den agroindustriellen Betrieben, die in letzter Zeit in Lateinamerika eine bedeutende Rolle übernommen haben. Eine Monokultur, wie man sie in vielen Siedlungen und Zonen, die von der sogenannten Agrarreform betroffen sind, realisiert, kommt nicht ohne extreme Pflege aus, was an ihrer ökologischen Einfachheit liegt.

Odum, einer der herausragendsten Ökologen der Welt, erklärt: „Landwirtschaft, Forstwirtschaft, Tierzucht, Algenkultur usw. sind alle an riesige Ströme von Hilfsenergie gebunden, die ein Großteil der Arbeit verrichten, die früher das System allein ausführen mußte... Tatsächlich stammt die für Kartoffeln, Rindfleisch und intensive landwirtschaftliche Produktion erforderliche Energie zum großen Teil aus fossilen Kraftstoffen und nicht von der Sonne. Die Öffentlichkeit weiß nichts davon. Man glaubt, der große Fortschritt der Landwirtschaft sei allein der Genialität des Menschen zu verdanken, zum Beispiel bei der Schaffung neuer genetischer Sorten. Die Verwendungsmöglichkeit solcher Sorten beruht aber vor allem auf der enormen Zuführung von Hilfsenergie. Wer meint, man könne einer ausländischen Landwirtschaft ohne ein Industriepotential helfen, versteht die Zusammenhänge nicht. Empfehlungen für unterentwickelte Länder, die sich auf die Erfahrungen fortgeschrittener Länder gründen, sind daher zum Mißerfolg verurteilt, wenn die entsprechenden energetischen Hilfsquellen nicht vorhanden sind.".[110]

Der übermäßige Gebrauch von Pestiziden in Lateinamerika hat nicht nur ökologische Ungleichgewichte auf dem Land hervorgerufen, sondern hatte auch schwerwiegende Auswirkungen auf die Gesundheit der Bevölkerung. „Alarmierend ist der Fall von Guatemala, wo man feststellte, daß 1968 das Konzentrationsniveau von DDT in der Muttermilch den von der WHO als Gefahrenschwelle festgesetzten Grenzwert um das 244-fache übertraf... Im September 1967 starben in Tijuana, Mexiko, 17 Menschen, nachdem sie Brot gegessen hatten, das das Pestizid Paration enthielt. Zwei Monate später starben in Kolumbien 80 Menschen aus demselben Grund."[111] Die Multis begehen ein bewußtes Verbrechen, da DDT in den Vereinigten Staaten und Europa ein verbotenes Pestizid ist.

Der massive Einsatz von Pestiziden hat zu Katastrophen beim Anbau von Baumwolle geführt, besonders in Mittelamerika, wo für die Baumwolle mehr als 60% der in dieser Region verwendeten Insektizide verbraucht werden. Es hat sich gezeigt, daß das Verhältnis von Aufwand und Ertrag für den Einsatz von Pestiziden bei Baumwolle bei Überschreitung bestimmter Anwendungsniveaus völlig negativ wirkt, wobei der Ertrag der Baumwollproduktion um mehr als 40% abnehmen kann.

„Die Bodenerosion ist" nach den Worten von Osvaldo Sunkel „zweifellos das schwerwiegendste Problem, das die lateinamerikanische Landwirtschaft betrifft. Von ihren Auswirkungen ist vor allem die zunehmende Versandung der Wasserläufe hervorzuheben. Die Versalzung ist eine andere schwerwiegende Veränderung der Umwelt. 7.6% der gesamten Bodenfläche Südamerikas sind von einem Übermaß an Salz betroffen. Die intensive 'Verkünstlichung' der Ökosysteme hat durch den exzessiven Einsatz von Pestiziden zu einer Verseuchung der natürlichen Ressourcen und der Bevölkerung geführt. Außerdem ist es zur Resistenz tropischer Krankheitserreger wie der Malaria gekommen."[112]

Die Übernutzung der Böden, die Überweidung und die Zerstörung der Wälder haben die Erosion seit den 50er Jahren auf fast das doppelte Ausmaß beschleunigt, womit die Versandung der Flüsse gestiegen und folglich das Bewässerungspotential zurückgegangen ist.

Insgesamt gesehen erlebt das Subsystem der landwirtschaftlichen Produktion eine schwere Krise. Angesichts der Unfähigkeit der Landwirtschaft, der zunehmenden inneren Nachfrage nachzukommen, haben zahlreiche lateinamerikanische Staaten einen beträchtlichen Prozentsatz der Devisen für den Import von Lebensmitteln aufwenden müssen. Zugleich mußten sie große Mengen an Brennstoff einsetzen, um bestimmte Bereiche der landwirtschaftlichen Produktion zu steigern. Ein großer Teil des Energieaufwands entfiel auf die Förderung der Agrarindustrie, wobei die bäuerliche Produktion für die Deckung der Bedürfnisse an Produkten für den Verbrauch der Bevölkerung hintangestellt wurde.

Die Ernährungssituation

Die sogenannte Modernisierung Lateinamerikas hat keine Verbesserung der Ernährungssituation mit sich gebracht. Jeden Tag werden weniger Proteine und mehr Kohlenhydrate konsumiert.

Verschiedene Länder, u.a. „Haiti, El Salvador und Bolivien hatten zwischen 1965 und 1969 einen Proteinverbrauch pro Einwohner von weniger als 50 Gramm pro Tag. Weitere fünf Länder — Honduras, Ecuador, Guatemala, Kolumbien und die Dominikanische Republik — hatten einen Verbrauch von weniger als 2300 Kalorien pro Einwohner und Tag. Die Lebenserwartung bei der Geburt lag in diesen acht Ländern zwischen 1965 und 1970 bei weniger als 60 Jahren und in drei von ihnen — Haiti, Bolivien und Honduras — bei weniger als 50 Jahren".[113]

Nach Angaben der OAS-Abteilung für soziale Fragen (*Estudio sobre la población latinoamericano,* Studie über die lateinamerikanische Bevölkerung, 1970) hatte Bolivien 1860 Kalorien und 49 Gramm Protein pro Tag und Einwohner, Ecuador 1830 bzw. 44 und Kolumbien 2250 Kalorien und 54 Gramm Protein pro Tag und Einwohner. Pedro Cunill weist darauf hin, daß im tropischen Tiefland Boliviens das verfügbare Quantum an Kalorien pro Familie üblicherweise etwa 10.6% unter der erforderlichen Menge liegt... Nach einer Erhebung für den Zeitraum 1956-1962 verfügte der sehr arme Teil der städtischen Bevölkerung Kolumbiens nur über 1538 Kalorien und 34 Gramm Protein, während die städtische Mittelklasse im Durchschnitt 2183 Kalorien und 60 Gramm Protein hatte... Von den verbrauchten Proteinen ist nur ein kleiner Teil tierischen Ursprungs. Saisonale Unterversorgung mit Vitamin C ist üblich. Man beobachtet auch Mangel an Vitamin A und Jod, was dazu beiträgt, daß die geistige Entwicklung und das Wachstum zurückbleibt, daß die Widerstandsfähigkeit gegenüber Infektionskrankheiten abnimmt und daß hohe Raten von endemischer Kropfbildung auftreten, besonders im peruanischen Bergland und im Hochland Boliviens".[114]

Die Sterblichkeitsrate liegt in Lateinamerika bei 9 Promille, wobei sie sich allerdings in einigen Ländern, z.B. in Bolivien, 1970 auf 17 Promille belief. Die Gesundheitskampagnen, insbesondere die Fortschritte der präventiven Medizin, haben eine Senkung der hohen Todesraten erlaubt, aber in den letzten Jahren gab es eine Tendenz zur Stagnation, denn nach der intensiven Kampagne gegen Malaria, Typhus etc. bleiben doch die grundlegenden Ursachen der frühzeitigen Sterblichkeit erhalten: Elend und schlechte Umweltbedingungen.

Auswirkungen der Energiekrise auf Lateinamerika

Die weltweite Energiekrise, die sich in den 70er Jahren mit aller Härte gezeigt hat, hat in Lateinamerika zu tiefgehenden Erschütterungen geführt, womit auch in Zukunft zu rechnen ist, da unser Kontinent wegen seines halbkolonialen und abhängigen Charakters den Vorbildern des Energieverbrauchs der Metropolen gefolgt ist.

Die Mehrzahl unserer Nationen, denen es an Öl mangelt, verschwenden die Energie, da ihr „Wachstums"-Modell für Industrie und Städte vom Imperialismus geprägt wurde. In Lateinamerika hat sich klar erwiesen, daß es nicht zutrifft, daß ein hoher Energieverbrauch einer hohen Wachstumsrate entspricht.

Die Erhöhung des Ölpreises hat unsere abhängige Wirtschaft erschüttert und schwere Defizite in der Zahlungsbilanz verursacht. Die Auslandsschulden haben 400 Milliarden Dollar überschritten, von denen 110 Milliarden auf Brasilien, 56 Milliarden auf Argentinien und 20 Milliarden auf Chile entfallen.

Mehr als 80% des in Brasilien verbrauchten Erdöls wird importiert. Dieser Anteil ist in anderen lateinamerikanischen Ländern etwa ebenso hoch. Sehr wenige Nationen sind Selbstversorger und Exporteure: insbesondere Venezuela, Mexiko und Ecuador. Aber die Exportraten sind auf Grund der Steigerung der inneren Nachfrage zurückgegangen. Außerdem kontrollieren die multinationalen Ölkonzerne — die „Sieben Schwestern" (Exxon, Texaco, Gulf Oil, Standard Oil of California, Mobil, Royal Dutch Shell und British Petroleum) — weiterhin die Technologie und den Verkauf, sogar in den Ländern, wo das Erdöl nationalisiert, oder besser gesagt, verstaatlicht worden ist.

Es gibt Programme, wie die von OLADE (*Organización Latinoamericana de Energia*, Energieorganisation Lateinamerikas), zur Förderung der Entwicklung von Energiequellen, die Alternativen zum Erdöl darstellen: Kohle, kleine Wasserkraftwerke, Erdwärme und andere. Nach den Worten von Ulises Ramirez, dem Vorsitzenden von OLADE, besitzen unsere lateinamerikanischen Länder „riesige Wasservorkommen, die bisher zu kaum 4% genutzt werden. Kohle trägt 2% zur Energieversorgung bei, Erdöl, wie es der Logik des aufgezeigten Modells entspricht, macht 60% der Primärenergie Lateinamerikas aus und Feuerholz hat einen erheblichen Anteil, nämlich 13% der gesamten Produktion von Primärenergie. Bei der Energiebilanz der Region leisten Erdwärme und Kernenergie bescheidene, aber doch signifikante Beiträge".[115]

Das Programm für die Lateinamerikanischen Zusammenarbeit auf dem Energiesektor (PLACE) wird Investitionen erfordern, die für die achtziger Jahre auf 240 Milliarden Dollar geschätzt wurden, wobei 62 Milliarden auf Brasilien, 50 auf Venezuela, 44 auf Mexiko und 41 Milliarden Dollar auf Argentinien entfallen.

Dennoch wird dies nur die Agonie einer Art von „Wachstum" verlängern, da wir, wie Zorzoli sagt, „die Energiekrise mit der Entwicklungskrise verbinden, während es in Wirklichkeit das Wachstumsmodell der kapitalistischen Wirtschaft ist, das sich in der Krise befindet".[116]

Die Selbstkritik von CEPAL und die Entwicklung mit dem „geringsten zulässigen Schaden"

Nach mehreren Jahrzehnten der Verbreitung von Illusionen über ein Entwicklungsmodell auf der Grundlage des Prozesses der Industrialisierung durch den Ersatz von Importen gelangten die Theoretiker von CEPAL schließlich zu einer Selbstkritik, wonach sie die Zerstörung der Umwelt nicht rechtzeitig bemerkt hätten, die das städtische industrielle Wachstum verursachte.

Vor allem müßten sie sich selbst kritisieren, nicht vorhergesehen zu haben, daß der sogenannte Prozeß des Ersatzes von Importen eine größere Abhängigkeit hervorrufen würde, ebenso durch den Import von Maschinen und Arbeitsgeräten für unsere Industriebetriebe wie durch die Allianz zwischen dem kreolischen Kapital mit den Multis im Industriebereich.

Die Verwendung des Begriffs „Importsubstitution" war von Anfang an verfehlt. Höchstens hätte man vom Ersatz einiger Importe sprechen können, besonders durch Produkte unserer Leichtindustrie, mit dem Hinweis, daß diese Art von Industrialisierung gerade die günstigste war für die Expansionsprobleme des Imperialismus, der nicht so sehr am Verkauf dieser Produkte interessiert war, sondern am Export von Kapitalgütern, Maschinen und Technologie zur Ausrüstung der „Milchzahn"-Industrie (dientes de leche) der halbkolonialen Länder.

Streng genommen gab es nie einen wirklichen Ersatz von Importen, weil unsere Industrie von Anfang an von den importierten Maschinen abhängig war. Deshalb war es schon befremdend, Beiträge aus den 70er Jahren zu lesen, die von der „Erschöpfung" des Prozesses der Ersetzung von Importen sprachen.

Diese Behauptungen wurden zu einem Zeitpunkt aufgestellt, zu dem es schon offensichtlich war, daß das Modell der Industrialisierung, das von CEPAL vertreten wurde, objektiv dazu geführt hatte, daß die nationale Industrie durch die Verbindung des kreolischen Kapitals mit den Multis in grundlegenden Bereichen in die Hände imperialistischer Unternehmen fiel. Tatsächlich investierte das internationale Monopolkapital in massiver Form in den Industriesektor, wobei es die Zollerleichterungen und die Infrastruktur ausnützte, die von den bürgerlichen Staaten Lateinamerikas im Transport-und Energiesektor geschaffen wurden. Seit Mitte der 50er Jahre kam es zu einer signifikanten Veränderung bei den ausländischen Investitionen. Die industriellen Investitionen übertrafen diejenigen im Rohstoffbereich. Kurz darauf gingen die Schlüsselsektoren der lateinamerikanischen Industrie in die Hände des ausländischen Monopolkapitals über, das sich nicht nur mit der kreolischen Bourgeoisie, sondern auch mit dem Staatskapital verbündete. Dazu führte die sogenannte „sich selbst tragende Entwicklung", die von CEPAL proklamiert wurde.

Statt eine Selbstkritik an ihrem globalen Entwicklungsprojekt zu leisten, haben es die Theoretiker von CEPAL vorgezogen, Ende 1979 aus dem Munde von Anibal Pinto das folgende Eingeständnis zu machen: „Für einen Wirtschaftswissenschaftler meiner Generation ist es ebenso wie für viele aus den nachfolgenden Generationen fast unglaublich, daß diese lebenswichtige Beziehung Mensch-Umwelt oder Gesellschaftphysische Umgebung so lange Zeit unbeachtet geblieben ist, nicht einmal am Rande in unseren Diskussionen gestreift wurde... Einige Wirtschaftswissenschaftler, die voll beschäftigt waren mit den Beziehungen zwischen Klassen und Individuen, und andere, die im Fetischismus der Marktbeziehungen befangen waren, hatten 'das kleine Detail', wie es ein berühmter mexikanischer Komiker genannt hat, beiseite gelassen, daß diese Prozesse in einem Kontext stattfanden, der begrenzt war und dauerhaft erschöpft oder zerstört wurde".[117]

Zweifellos berührt diese Umwelttünche nicht das eigentliche Problem. Sie wird nur angelegt, um eine Entwicklung zu planen, bei der das „Umwelt-Medium" und die „Umweltvariable" oder Umweltdimension berücksichtigt wird, damit die Entwicklung möglichst geringe ökologische Auswirkungen hat.

Vor allem muß klargestellt werden, daß die Umwelt nicht ein „Medium", sondern die Gesamtheit aus Natur und menschlicher Gesellschaft ist. Daher ist es ein Irrtum, vom Umweltmedium zu sprechen. Das Wort „Medium" muß man bezüglich des natürlichen Mediums, des geographischen Mediums etc. verwenden. Es ist auch nicht richtig, die Bezeichnung „Umweltvariable" zu verwenden, denn die Umwelt ist keine Variable, sondern das Ganze. Nicht die Umwelt ist eine Variable der ökonomischen Entwicklung, sondern umgekehrt. Es geht nicht darum, diese neue „Variable" in die ökonomische Analyse einzubeziehen, sondern die Umwelt global zu erfassen, wobei die menschliche Gesellschaft und ihre unterschiedlichen sozialen, ökonomischen und sonstigen Äußerungen eingeschlossen sind.

Wenn sich die Theoretiker von CEPAL auf die Notwendigkeit der Einbeziehung der Umweltdimension beziehen, wollen sie ausdrücken, daß jede Wirtschaftsplanung die „Variable" Umwelt betrachten muß. Eigentlich müßte sie aber von der Umweltplanung ausgehen und in diesem Rahmen die ökonomische Variable betrachten. Die CEPAL stellt das Problem aber nicht in dieser Weise, weil sie grundlegend am „Wachstum ohne Zerstörung" oder, wie andere internationale Organisationen es ausgedrückt haben, „dem Wachstum mit dem geringsten zulässigen Schaden" interessiert ist, einem Modell, das an und für sich falsch ist, da es gerade die aktuelle Art der kapitalistischen Entwicklung ist, die zu der schwersten Umweltkrise der Geschichte geführt hat.

Die Theoretiker von CEPAL sind jetzt besorgt, weil das Entwicklungsmodell in eine Krise geraten ist, das auf der

Gewißheit eines exponentiellen Wachstums begründet war, ohne wahrzunehmen, daß die natürlichen Ressourcen beschränkt und zum großen Teil nicht erneuerbar sind. In der Krise steckt die Art der städtisch-industriellen Entwicklung und das Vertrauen, daß die Technologie und die Wissenschaft alle Probleme lösen könnten, einschließlich dem der ökologischen Zerstörung.

Jetzt empfiehlt die CEPAL, daß Lateinamerika weniger vom Erdöl abhängen sollte, Technologien entwickeln sollte, die eine bessere Nutzung der Arbeitskraft ermöglichen, mehr Recycling von Abfällen anregen sollte, die natürlichen Reichtümer verwalten, gestützt auf die lokalen Gemeinden mehr dezentralisierte Formen der Verwaltung einrichten, die Konsumideologie und das Wachstum der Städte stoppen sollte.[118]

Diese Maßnahmen werden von den bürgerlichen Regimen Lateinamerikas nicht ergriffen werden können, denn wenn die hochindustrialisierten Länder keinen Ersatz für das Erdöl gefunden haben, wird es dem abhängigen Kapitalismus um so weniger gelingen. Er wird auch noch weniger Möglichkeiten haben, rentable ökonomische Aktivitäten anzuregen, die die Beschäftigungsrate erhöhen, denn die kreolische Bourgeoisie tendiert im Bündnis mit dem internationalen Kapital dahin, eine hochentwickelte Technologie einzuführen, die täglich weniger Arbeitskräfte braucht. Zum anderen ist es utopisch, von der Bourgeoisie zu fordern, daß sie die natürlichen Reichtümer unter Berücksichtigung der Eigendynamik der Ökosysteme behandeln möge. Die CEPAL-Theoretiker sollten sich doch einmal die Frage stellen, was ihre untertänigen Ratschläge den Einwohnern des Amazonas-Beckens genützt haben. Und noch illusorischer ist es, der Bourgeoisie zu empfehlen, daß sie den lokalen Gemeinschaften helfen und die Konsumideologie und die Expansion der Städte stoppen soll.

Die Bestrebungen der CEPAL-Ideologen orientieren sich am sogenannten „Wachstum ohne Umweltzerstörung". Die Steigerung der Produktion, sagt Osvaldo Sunkel, „hat häufig die Erhaltung der Natur beeinträchtigt und hat in vielen Fällen dazu tendiert, eine ernste ökologische Lage zu schaffen. Folglich könnte es so scheinen, daß die Einbeziehung der Umweltdimension unausweichlich dazu führt, die Produktionsaufgaben zu beschränken, was einen Verzicht auf eine Steigerung der Arbeitsproduktivität und ein Einfrieren des Wachstum implizieren würde. Nichts könnte verfehlter sein, als beide Positionen auf die Schalen einer Waage zu legen. Außerdem steht es außer Zweifel, daß diese sich unbeirrbar auf die Seite der Produktion senken wird. Was wirklich bei der Einbeziehung der Umweltdimension in die Entwicklung interessiert, ist die Fähigkeit, in glaubwürdiger Form Produktionsoptionen zu entwerfen, die auch die Anforderung erfüllen, die Ökosysteme und daher die Umweltbedingungen zu erhalten".[119]

Wie man leicht feststellen kann, wird versucht, das Unversöhnliche zu versöhnen: kapitalistische Entwicklung und Erhaltung der Umwelt. Nichtsdestoweniger besteht Sunkel darauf, daß man „darauf bedacht sein wird, die Beziehungen zwischen Entwicklung und Umwelt zu erforschen, zumindest die Aspekte, die unter dem Gesichtspunkt der Entwicklungsproblematik am bedeutendsten sind". Es ist also offensichtlich, daß alles sich darauf reduziert, die „Umweltvariable" im Rahmen der Entwicklungsthese miteinzubeziehen.

Diese Ideologen planen ein vollkommeneres Systemstudium, um das potentielle „ökologische Angebot" zu bestimmen. Es bleibt zu fragen: Wer quantifiziert das „ökologische Angebot" und wer eignet es sich an? Gleichzeitig schlagen sie vor, die natürlichen Reichtümer in die nationalen Bilanzen einzubeziehen, um die Summe der Zerstörung zu registrieren. Werden vielleicht die nationalen Bilanzen nicht von derselben sozialen Klasse kontrolliert, die die Zerstörung verursacht? Die Bestrebung, die natürlichen Reichtümer in die nationalen Bilanzen einzubeziehen, beweist, daß das einzige, was die Entwicklungsideologen wirklich interessiert, eine Quantifizierung der natürlichen Reichtümer ist, um mit der „geringsten Umweltzerstörung" eine größere Ausbeutung durch das kapitalistische System zu garantieren.

In der Arbeit von Sunkel wird ebenfalls die Festlegung von Umweltstandards vorgeschlagen, die dazu dienen sollen, die „akzeptablen" Grade von Verschmutzung zu bestimmen, und zwar „zur Festlegung von Prioritäten nach Kosten-Effektivität für die Auswahl von Projekten, die das Problem der Akkumulation dieser 'akzeptablen' Ausmaße der Schädigung der Umwelt lösen". Wiederum bleibt die Frage: welche soziale Klasse legt diese „akzeptablen" Grade von Verschmutzung fest?

Die Empfehlungen für ein „Wachstum ohne Zerstörung" werden in einer Zeit vorgebracht, in der die Tendenz der Multis unumkehrbar ist, in Lateinamerika hochverschmutzende Industrien zu entwickeln, die von den Ländern der Metropolen nicht toleriert werden, und gemeinsam mit dem kreolischen Kapital und dem Staatskapital Industrien mit hohem Energieverbrauch aufzubauen. Das neue Akkumulationsmodell, das auf dem Wachstum der neuen Exportindustrien beruht, die in Lateinamerika keine Tradition haben, läuft gerade der Illusion einer Entwicklung ohne Umweltzerstörung zuwider. Die Steigerung der ausländischen Investitionen in Lateinamerika, die nach Angaben von CEPAL selbst von 1967 bis 1975 von 18 auf 38 Milliarden Dollar zunahmen, hat sich gerade in den Industriezweigen ergeben, die die schwerwiegendsten Auswirkungen auf die Umwelt haben. Kann man von den Multis, die die Investitionen in langlebige Konsumgüter von 1950 bis 1974 von 36,2% auf 63,8% der Gesamtinvestitionen erhöht haben, ein Wachstum mit dem „geringsten zulässigen Schaden" fordern?

Die kreolischen Bourgeoisien Lateinamerikas und die bürgerlichen Nationalstaaten werden zusammen mit dem internationalen Monopolkapital die Umweltkrise weiter vertiefen. Die kapitalistische Logik führt zu einer Gewinnmaximierung, deren Zweck nicht gerade in der Erhaltung unserer Ökosysteme besteht. Die Bourgeoisie wird bezüglich der Verschmutzung und bestimmter, nicht erneuerbarer Vorräte Maßnahmen zur Linderung der Probleme ergreifen können; sie ist aber nicht dazu bereit, die Umwelt auf Kosten ihrer Profite und ihrer Expansionsmöglichkeiten zu erhalten.

Ideologie, Ökologen und Marxismus

Die heutige Umweltkrise hat zur Entstehung neuer geistiger Strömungen geführt, die generell Ideologie hervorbringen, d.h. Umkehrung der Realität zugunsten einer bestimmten Klasse oder Fraktion einer Klasse.

Einige bürgerliche Theoretiker haben versucht, eine apokalyptische Vision der ökologischen Krise zu entwerfen. Diese Katastrophentheorie, die durch das Buch *Die Grenzen des Wachstums* von Meadows und den Bericht des Club of Rome angeregt wurde, verfällt in den subjektiven Idealismus. Die Umweltkrise ist äußerst schwerwiegend, aber man fragt sich, was sich hinter dem „ökologischen Terrorismus" verbirgt. Vielleicht das Interesse, die abhängigen Länder zu größeren Opfern zu verpflichten, die Geburtenrate sogar mit Methoden der Zwangssterilisierung zu kontrollieren. Dabei wird das sogenannte exponentielle Wachstum übertrieben dargestellt, das angeblich dazu führen würde, so viele Münder in einer Welt ernähren zu müssen, in der die landwirtschaftliche Produktion relativ zurückgegangen ist.

Von einem rein ökonomistischen Standpunkt aus kamen manche zur Planung des „Nullwachstums" und zur Propagierung der Behauptung, daß es unmöglich sei, daß die sozialistische Gesellschaft den materiellen Überfluß erreichen könnte. Mandel hat darauf hingewiesen, daß „die 'Unerreichbarkeit' des Überflusses als letztes Argument gegen den Sozialismus-Kommunismus — schon wohlbekannt aus dem 19. Jahrhundert! — wiederbelebt wurde von den Anhängern der 'Schule des Nullwachstums' und von den Ökologen, die argumentieren, daß bei einer hypothetischen Weltbevölkerung von 10 bis 12 Milliarden der Überfluß an materiellen Gütern physisch unmöglich wäre oder eine Umweltkatastrophe hervorrufen würde".[120] Für die revolutionären Marxisten geht das Konzept des Überflusses über den materiellen Überfluß und den Konsum hinaus. Es hängt direkt mit Gesundheit, Kultur und umfassender Freiheit in einer Gesellschaft ohne Klassen und ohne unterdrückenden Staat zusammen.

Die Theoretiker des „ökologischen Terrorismus" wollen glauben machen, daß die gesamte Bevölkerung für die Verschmutzung verantwortlich ist. Deshalb finanzieren sie Anzeigenkampagnen dafür, daß die Leute Produkte kaufen, mit denen oberflächliche Aspekte der Verschmutzung vermieden werden sollen. Dabei wird die wirkliche Wurzel der Umweltkrise verborgen.

So ergibt sich die paradoxe Situation, daß die Verantwortlichen für die Verschmutzung ihre Profite steigern, indem sie Artikel gegen die Verschmutzung verkaufen. Mit Kampagnen soll gezeigt werden, daß „jeder an der Verschmutzung beteiligt ist, daß Sie und ich und die Hausangestellte die wirklich Verantwortlichen sind, mehr als die Fabriken. Sicherlich sind wir alle mehr oder weniger verantwortlich, aber: wer hat uns das Waschmittel verkauft, das nicht biologisch abbaubar ist, das Pestizid, das Benzin, die Plastikverpackung?"[121] Verseuchen, um wieder zu entseuchen, und Entseuchen, um wieder zu verseuchen wird zu einem neuen Geschäft für die Kapitalisten.

Es gibt auch eine gewisse demagogische „Ökologie" der bürgerlichen Ideologen, die der wirklichen ökologischen Bewegung bestimmte Themen abspenstig machen will, indem sie über Verschmutzung und Erhaltung redet.

Trotz ihres reformistischen Charakters war die Bewegung zur Erhaltung der Natur die erste, die ein Bewußtsein für die Umweltmisere geschaffen hat. Einige Teile dieser Bewegung legen jedoch die Betonung nur auf den ökonomischen Wert der Naturreichtümer.

Andererseits hat sich eine wichtige Denkströmung entwickelt, die eine unerbittliche Kritik am Menschen übt, ihn als ewigen Plünderer der Natur darstellt. Ihre Beiträge sind wichtig für das Verständnis des Verhaltens des Menschen gegenüber der Natur, man sollte aber nach unserer Ansicht die unterschiedlichen Phasen des historischen Entwicklungsprozesses der menschlichen Gesellschaft berücksichtigen, denn die Einstellung des Eingeborenen der klassenlosen Gesellschaft zur Natur stimmt nicht mit derjenigen des Managers eines multinationalen Konzerns überein. Folglich muß man die Verantwortung der herrschenden Klassen für die Plünderung der Natur im Verlauf der Geschichte betrachten und deutlich aufzeigen, daß seit der ersten industriellen Revolution das kapitalistische System die schwerwiegendsten ökologischen Katastrophen verursacht hat, und daß der Mensch die Umweltkrise nur in einer neuen Art von Gesellschaft wird überwinden können.

Es stimmt, daß die meisten menschlichen Gesellschaften die Umwelt beeinträchtigt haben. Um aber nicht das Konkrete im Abstrakten aufzulösen, sollte man, wenn man vom Menschen allgemein spricht, einschränkend darauf hinweisen, daß die Zunahme des Energiestroms in direktem Zusammenhang mit dem Prozeß der weltweiten kapitalistischen Akkumulation steht. Die Erhöhung der organischen Zusammensetzung des Kapitals zugunsten des konstanten Kapitals hat zu einem in der Geschichte nie gekannten Energieverbrauch für das Funktionieren der modernen Maschinerie geführt. Die Internationalisierung des Kapitals hat den Energiefluß auch auf dem asiatischen, dem afrikanischen und dem lateinamerikanischen Kontinent beschleunigt und hat dabei nicht erneuerbare Ressourcen verbraucht, künstliche Ökosysteme geschaffen, Wälder zerstört und die Umwelt durch die Fabriken, die in den wuchernden Großstädten gebaut wurden, verseucht.

Andere verfallen einem Energie-Dogmatismus, ohne zu bedenken, daß soziale Klassen die Energie kontrollieren, ihre Verwendung und ihren Mißbrauch, und daß die Energieflüsse ein Maß für die Machtverhältnisse sind.

Als Reaktion auf die Umweltzerstörung, die von der städtisch-industriellen Gesellschaft hervorgerufen wurde, hat sich eine Strömung entwickelt, die für ein metaphysisches Naturkonzept eintritt, das die Rückkehr zur Agrargesellschaft fordert, eine idealistische Position, die in einen naiven und ziellosen Naturalismus abgleitet. Es ist eine objektive Tatsache, daß die Natur nicht mehr dieselbe ist wie in der Vergangenheit, und daß sie von der Gesellschaft grundlegend verwandelt worden ist, besonders von der kapitalistischen Gesellschaft durch den Eingriff in fast alle natürlichen Ökosysteme.

In Lateinamerika gibt es noch keine starken ökologischen Protestbewegungen wie in Europa. Jedoch tragen sie dort, wo sie begonnen haben sich zu strukturieren, wie in Brasilien, Mexiko und Venezuela, wesentlich zur Schaffung eines Umweltbewußtseins bei. Diese Bewegungen sind potentiell revolutionär, denn sie stellen nicht nur das Produktionssystem, sondern auch das tägliche Leben, das von der industriellen Gesellschaft hervorgebracht wird, in Frage. Nach den Worten von Michael Bosquet [Pseudonym von André Gorz] ist „die Logik der Ökologie die reine und einfache Negation der kapitalistischen Logik".[122]

Andere Autoren legen dar, daß die Ökologie die vom Marxismus formulierte Theorie des Klassenkampfs überwunden habe, wobei sie nicht zu bemerken scheinen, daß die Umweltkrise, die vom kapitalistischen System beschleunigt wird, nur durch den Prozeß des Klassenkampfes überwunden werden kann, durch den Prozeß der Auseinandersetzung zwischen der ausgebeuteten und der ausbeutenden Klasse, die hauptsächlich für die schwere Umweltzerstörung verantwortlich ist.

Der heutige Marxismus steht vor einer großen Herausforderung: eine theoretische, programmatische und politische Antwort auf die Umweltkrise zu geben, ausgehend von einer klaren Konzeption der von der Natur und der menschlichen Gesellschaft dargestellten Gesamtheit. Letzten Endes geht es bei dieser Schlüsselfrage — die nur auf dem Gebiet des Klassenkampfes gelöst werden kann — um das Überleben der Menschheit. Die Alternative „Sozialismus oder Barbarei", die von Rosa Luxemburg aufgezeigt wurde, ist gültiger denn je.

Es ist nicht zu leugnen, daß die Marxisten das Studium der Umwelt vernachlässigt haben und — wie andere auch — von der Tiefe der ökologischen Krise überrascht wurden. Viele haben defensiv reagiert und die Tragweite dieser Krise geleugnet oder die ökologischen Gruppen sogar als Spalter denunziert, die die Aufmerksamkeit von den Aufgaben des Klassenkampfes ablenken, als ob die von der Bourgeoisie verursachte Umweltkrise mit dem Klassenkampf nichts zu tun hätte.

Man fragt sich, ob diese Unfähigkeit der Kommunistischen Parteien und der an China orientierten Gruppen, eine Antwort auf die Umweltproblematik zu geben, und ihre mangelnde Unterstützung für die ökologischen Bewegungen darauf zurückzuführen ist, daß in der UdSSR, den Ländern Osteuropas und in China ähnliche Umweltprobleme existieren, die durch die Inbetriebnahme von Atomkraftwerken und anderen, höchst umweltverschmutzenden Industrien hervorgerufen wurden. In der UdSSR hat man noch keine Technologie erfunden, die sich von der des Kapitalismus unterscheidet und das gesunde Funktionieren der Ökosysteme nicht beeinträchtigt.

Francisco Mieres, einer der führenden Umweltschützer Venezuelas, hat darauf hingewiesen, daß die Länder des sogenannten „realen Sozialismus" sich „der Magie der Industrie-Ideologie unterworfen haben, und, was noch schwerwiegender ist, daß diese Ideologie zu einem der Haupthindernisse für ihren Fortschritt und für die Entfaltung einer wirklichen sozialistischen Bewegung geworden ist... Es ergeben sich Konsequenzen, die denen ähnen, die die kapitalistische Industrie für die Umwelt heraufbeschworen hat, mit den Folgen der Verschmutzung und des überstürzten Verbrauchs nicht erneuerbarer Ressourcen, mit einer häufigen Beeinträchtigung des reproduktiven Potentials von Boden und Wasser und mit notorischen Schwierigkeiten bei der Sicherung der Versorgung mit grundlegenden Lebensmitteln. Der Glaube an die Neutralität der Technik bezüglich der Gesellschaft und der Umwelt und an ihre Allmacht gegenüber jedem Problem hat dazu geführt, daß häufig ausländische Verfahren und Ausrüstungen nachgemacht oder übernommen wurden, ohne auf ihre Folgen für Mensch und Umwelt zu achten, Folgen, die sich häufig erst langfristig als kontraproduktiv erweisen, wenn der Schaden schon entstanden ist, manchmal irreversibel... Dieses soziopolitische Bild kann für einen Sozialisten schwerlich das Optimum darstellen. Man kann es nur als Vorgeschichte des Sozialismus akzeptieren und verstehen, als Übergangsphase, die unbedingt grundlegend überwunden werden muß, um den wirklichen Sozialismus zu ermöglichen. Es in diesem Sinne zu akzeptieren und zu verstehen, bedeutet aber, die objektive Notwendigkeit der positiven Überwindung des Konflikts aufzuzeigen statt ihn zu verstecken oder gar der Anwendung solcher „Heilmittel" wie der Invasion, den Prozessen, den Säuberungen oder der Unterdrückung der Bewegungen von Arbeitern und anderer Teile der Gesellschaft zuzustimmen, von Bewegungen, die die Forderung nach einem weiteren Schritt nach vorne ausdrücken, hin zu einem 'Sozialismus des ganzen Volkes', zur sozialistischen Demokratie, zur vollen nationalen Souveränität, zur Überwindung der Industrie-Ideologie und des entwickelten Kapitalismus, zu einem neuen Modell von Produktion und Konsum, von Wissenschaft und Technik, zu einem rationalen Umgang mit der Energie, zu einem sozial akzeptablen und ökologisch gesunden Modell für Zivilisation und Kultur."[123]

Die Forscher der heutigen Schule des historischen Materialismus haben nur die menschliche Gesellschaft, losgelöst von der Umwelt, studiert. Um diese Totalität, die die Umwelt darstellt, zu verstehen, muß man zu der Geschichtskonzeption zurückkehren, die Marx formuliert hat, zur unauflöslichen Beziehung zwischen der Geschichte der Natur und der Geschichte der Menschheit. Auf diese Weise wird man den Entwicklungsprozeß der Natur verstehen, der sozial durch die Produktion materieller Güter vermittelt wird.

Pablo Gutman zeigt auf, daß der Produktionsprozeß den bedeutendsten Aspekt der Wechselwirkung zwischen Natur und Gesellschaft darstellt, obwohl beide Elemente ihre eigene Dynamik haben. „Im Produktionsprozeß selbst finden wir Verbindungen zwischen natürlichen und sozialen Komponenten, von denen wir die Aneignung der Natur als materielle Basis des Produktionsprozesses, die Technik, die für die Umwandlung natürlicher Materie in Waren verwendet wird, und die Erzeugung von Abfall hervorheben wollen. Bei jeder dieser hervorgehobenen Beziehungen treffen natürliche und soziale Dynamik aufeinander. Der konkrete, d.h. historische Standort des untersuchten Produktionsprozesses wird uns also die Entwicklung eines Verständnisses dieser Dynamik von beiden Seiten und den möglichen Konflikten erlauben."[124]

Man muß neu untersuchen, wie die Ökosysteme die Entwicklung der verschiedenen Produktionsweisen und die Übergangsperioden von einer Produktionsweise zur anderen in der Geschichte bedingen. Ein anderes Schlüsselproblem, das wieder studiert werden muß, ist die Frage, wie die ökologische Grundlage, die die Produktivität der natürlichen Produktivkräfte bestimmt, die Bedingungen für die Erzeugung von Wert und Mehrwert beeinflußt, eine Problematik, auf die Enrique Leff in seiner Arbeit *Ökologie und Kapital* aufmerksam macht: „Ohne die Verwendung einer ökologischen Technologie vorauszusehen, die die natürliche Produktivkraft der Erde steigern und erhalten würde, betrachtete Marx sehr wohl den bestimmenden Einfluß der Naturkräfte auf die Erzeugung des Wertes", besonders auf die Grundrente.

Das Verständnis der Beziehung zwischen Natur und menschlicher Gesellschaft wird zu einer neuen Dimension der marxistischen politischen Ökonomie führen, zur Analyse der ökologischen Kosten, zum Schutz der Ökosysteme und zur Erhaltung der sogenannten natürlichen Reichtümer, was eine Vertiefung der Kritik der Umweltkatastrophen, die vom kapitalistischen System und der Bürokratie hervorgerufen wurden, ermöglichen wird, während zugleich die Art von Sozialismus, die wir wollen, ein klareres Bild annehmen wird.

Solange in Lateinamerika das kapitalistische System existiert, muß man für ein Übergangsprogramm kämpfen, das die spezifischen Forderungen der ausgebeuteten Schichten mit der Verteidigung der Umwelt verbindet. Dieses Programm muß von den ökologischen Bewegungen ausgearbeitet werden. Wir bringen nur einige Vorschläge in die Diskussion ein.

Ein Ausgangspunkt kann darin bestehen, daß man nicht nur die Form der Produktion in Frage stellt, sondern auch, was produziert wird und für wen. Bis heute hat die lateinamerikanische Linke nur das kapitalistische Produktionssystem kritisiert, aber nicht den Konsumstil und das, was produziert wird. Es geht also darum, nicht nur das Produktionssystem, sondern auch die Konsumvorstellungen zu kritisieren. Es gilt, die Art der industriellen ebenso wie der landwirtschaftlichen Produktion in Frage zu stellen, die Monokulturen zu kritisieren, die in Lateinamerika durch die agroindustriellen Betriebe durchgesetzt worden sind, und eine Diversifikation, die die Erfahrungen der Landwirtschaft der Bauern und der Ureinwohner einbezieht, und geeignete Technologien für jede Region unseres Kontinents zu fordern.

Ein grundlegender Gesichtspunkt ist die Kritik an den Multis, die Kernkraftwerke und hochgradig umweltverschmutzende Industrien in unsere Länder bringen. Sie plündern nicht nur unsere Rohstoffe und eignen sich unsere Industrien an, sondern vergiften uns auch die Umwelt. Man muß sich dem Bau von Kernkraftwerken in Lateinamerika widersetzen und die Antinuklearkampagnen der Völker Europas und Nordamerikas bekanntmachen, die sich der Gefahren der Radioaktivität und der funktionellen Unsicherheit der Reaktoren schon bewußt sind. Der Kampf darf sich nicht nur gegen die Verschmutzung richten, die nur ein Sympton ist, sondern auch gegen die bürgerlichen Projekte, die das Klima und die natürlichen Ökosysteme empfindlich verändern.

Wir müssen aufzeigen, daß es keine technischen, sondern nur politische Lösungen für die Umweltkrise gibt. Solange das kapitalistische Regime nicht gestürzt ist, muß die Forderung nach Arbeiter- und Bauernkontrolle über die Auswirkungen auf die Umwelt erhoben werden. Die Grünflächen müssen erhalten bleiben. Neue Zoneneinteilungen, die am Ende immer zur Zerstörung der äußerst knappen Parks, die es noch in den Städten gibt, führen, sind abzulehnen. Die einheimische Fauna muß geschützt werden. Wir müssen für die Verlängerung der Schonzeiten kämpfen und für die Einführung von Verboten für rücksichtslose kommerzielle Fischerei mit großen Fangschiffen. Schluß mit der Zerstörung der Wälder!

Eine zentrale Aufgabe ist die Ausarbeitung eines Umwelt-Aktionsprogramms für die Bewohner der großen Städte Lateinamerikas, das den hohen Anteil von Neurosen aufzeigt, die durch das städtische Leben erzeugt werden, den höllischen Lärm, die beschleunigte Zerstörung der Lebensqualität, nicht nur durch die kapitalistische Ausbeutung und den Rückgang der Kaufkraft der Arbeiter, sondern auch durch den Mangel an Krankenhäusern und die Veränderung der Ernährung, bei der kreolische Gerichte mit hohem Proteingehalt durch Konsumvorstellungen ersetzt wurden, die von den multinationalen Unternehmen eingeführt worden sind, den Besitzern der Supermärkte.

Ein anderes Problem bezieht sich auf den ökologischen Preis. Unsere Länder feilschen um die Erhöhung der Rohstoffpreise, unterlassen aber eine Auswertung der ökologischen Kosten. Die Arbeiter- und Bauernorganisationen sollten zusammen mit den linken Intellektuellen den Umfang dieser Umweltkosten untersuchen und eine Art von Entschädigung unter Arbeiterkontrolle einfordern.

Nur eine starke ökologische Bewegung, im Bündnis mit den Organisationen der Arbeiterklasse, den Bauern, den Ureinwohnern, den autonomen Bewegungen der Frauen und der Stadtteile, kann einen Umweltaktionsplan voranbringen. Die Nachbarschaftsvereinigungen waren bisher in Lateinamerika die Avantgarde-Gruppen bei der Verteidigung der Umwelt. Es ist notwendig, daß auch die feministischen Gruppen integriert werden, mit denen sich viele Aktionsmöglichkeiten für gemeinsame Kampfziele eröffnen. Entscheidend ist auch die Einbeziehung der Bauern, die zu den am stärksten von der Umweltkrise betroffenen Sektoren gehören, und der städtischen Arbeiterklasse, die manchmal solchen Aktionen ablehnend gegenübersteht, weil sie den Verlust des Arbeitsplatzes im Fall der Schließung umweltverschmutzender Industrien fürchtet, obwohl sie die Ursachen der Umweltzerstörung in ihren eigenen Stadtvierteln bemerkt.

Um ihre Ideen zu verbreiten, müßte die ökologische Bewegung in größerem Umfang Kurse für Umwelterziehung oder eine Volkshochschule für Umweltfragen eröffnen, wie es in Venezuela die Vereinigung der Umweltgruppen (FORJA) vorgeschlagen hat. Man müßte auch Lehrer für die Idee gewinnen, die Umwelterziehung in den Unterricht an Grundschulen, Gymnasien und Universitäten einzuführen, nicht als zusätzliches Fach, sondern als einen Bestandteil aller Bereiche des Unterrichts, mit dem Ziel, daß die Schüler und Studenten die Beziehung zwischen Natur und menschlicher Gesellschaft, die Funktionsweise der Ökosysteme und die Notwendigkeit der Veränderung des Verhaltens gegenüber der Natur gründlich verstehen. Es müßte eine Umwelterziehung mit funktionalem Charakter sein, die jeweils den charakteristischen Eigenschaften des Landes und der Region entspricht, wobei die Bewohner tropischer Regionen andere Umweltkenntnisse als die Einwohner kalter und gemäßigter Zonen bekämen.

Es geht nicht darum, nur Kampagnen für die Umwelt und gegen die Verschmutzung zu machen, sondern, wie Sachs sagen würde, um eine grundlegende Änderung des Verhaltens des Menschen gegenüber der Natur und um den Entwurf eines neuen Typs einer sozialistischen Gesellschaft, die auf der Umweltplanung beruht.

Einige Autoren nähren Illusionen über die Möglichkeit, eine Umweltplanung im kapitalistischen System zu erreichen, wo dieses doch nicht einmal eine Wirtschaftsplanung verwirklichen kann. Die Bourgeoisie kann gewisse Kampagnen gegen die Verschmutzung führen, sie wird aber nie zugunsten der Umwelt und der Lebensqualität des Volkes planen, denn die Logik der Kapitalakkumulation und der bürgerlichen Entwicklung steht den Ökosystemem konträr entgegen. Es gibt einen Widerspruch zwischen der kapitalistischen Akkumulation und den ökologischen Kreisläufen. Folglich ist die Beseitigung des kapitalistischen Regimes eine *Conditio sine qua non* für den Beginn einer Umweltplanung.

Eine globale Strategie der Umweltentwicklung wird nur in einer sozialistischen, selbstverwalteten und von Arbeiterdemokratie bestimmten Gesellschaft erreicht werden, die fähig ist, eine eigene Technologie mit niedrigen Umweltkosten und vernünftiger Energieverwendung hervorzubringen. Ohne den Bruch der halbkolonialen Bindungen wird es in Lateinamerika weder Umweltplanung noch Möglichkeiten zur Realisierung einer echten Umweltentwicklung geben. Wie Philippe Saint-Marc sagt: „Die einzige Art, die Natur zu schützen, besteht darin, sie zu vergesellschaften."

Es geht nicht darum, nur gegen die Auswirkungen der Krise vorzugehen, sondern zu wagen, den Dingen auf den Grund zu gehen und die grundlegenden Ursachen aufzudecken, die zu der Krise geführt haben. Nur eine kontinentale Strategie der selbstbestimmten Entwicklung, die auf den Möglichkeiten unseres lateinamerikanischen Kontinents beruht, und fähig ist, die Bindungen der Abhängigkeit zu brechen und eine neue Art von Gesellschaft zu verwirklichen, kann den Weg zu einer besseren Lebensqualität für Mensch und Natur einschlagen.

Anmerkungen

(Die mit * gekennzeichneten Anmerkungen stammen von den Lektoren.)

1 Georges Canguilhem, *La connaissance de la vie*, 2. Ausg., Paris 1965, S. 88.

2 John Desmond Bernal, *Wissenschaft*. Science in History. Die wissenschaftliche und die industrielle Revolution, Reinbek bei Hamburg 1970, Bd. 2, S. 459.

3 J.D. Bernal, *Wissenschaft*, Bd. 2, S. 516f., 531.

4 Edgar Morin, „Ecologia y revolución", in: *Boletin OESE*, Caracas, Nr. 8, August 1974, S. 6.

5 Karel Kosik, *Die Dialektik des Konkreten*. Eine Studie zur Problematik des Menschen und der Welt, Frankfurt/M. 1967, S. 38, 246, 39.

6 José Balbino León, Notas al programa de ecologia y ambiente de la Universidad del Zulia, [vermutlich: Maracaibo], Facultad de Arquitectura, November 1977.

7 Vgl. Luis Vitale, Hacia una ciencia del ambiente, Arbeitspapier für das nichtöffentliche Seminar des CENAMB, Caracas, Juni 1978.

8 John McHale, *Der ökologische Kontext*, Frankfurt/M. 1974, S. 10f.

9 Ebenda, S. 116, 118.

10 Amos Rapoport, „Some Aspects of the Organization of Urban Space", in: Gary J. Coates/Kenneth M. Moffett (Hrsg.), *Response to Environment*, Raleigh, North Carolina, 1969; hier zitiert nach einer 1972 am 'Departamento de Acondicionamiento Ambiental de la Facultad de Arquitectura de la UCV' angefertigten Übersetzung ins Spanische.

11 Mao Tse-tung, „Über den Widerspruch" (August 1937), in: *Ausgewählte Werke*, Bd. I, Peking 1968, S. 378.

12 Henri Lefebvre, La naturaleza, fuente de placer (Interview), Madrid, 1978.

13 Karl Marx/Friedrich Engels, „Die deutsche Ideologie"
    (1845/46), in: MEW, Bd. 3, S. 18, 30. Diese Stellen wurden im
    Manuskript gestrichen. (Vgl. auch Alfred Schmidt, *Der Begriff
    der Natur in der Lehre von Karl Marx*, 2. überarb. u. erweiterte
    Ausg., Frankfurt/M. 1971, S. 43).

13* Karl Marx, „Ökonomisch-philosophische Manuskripte aus
    dem Jahre 1844", in: MEW, Bd. 40, S. 537f.

14 F. Engels, „Herrn Eugen Dührings Umwälzung der Wissen-
    schaft ('Anti-Dühring')" (1876-1878), in: MEW, Bd. 20, S. 33.

15 A. Schmidt, *Der Begriff der Natur in der Lehre von Karl Marx*,
    S. 21, 22.

16 Lucio Colletti, Vorwort zur italienischen Ausgabe (1969), in
    der spanischsprachigen Ausgabe als Nachwort abgedruckt: Al-
    fred Schmidt, *El concepto de naturaleza en Marx*, México
    1977, S. 233.

16* Vgl. die Einleitung zu: George L. Kline (Hrsg.), *Spinoza in
    Soviet Philosophy*. A Series of Essays, London 1952, S. 1—47.

17 *Lenin, ciencia y politica*, Buenos Aires 1973, S. 13.

18 Philippe Saint-Marc, „Ecologia y revolución", in: *Boletin OE-
    SE*, Nr. 7, Juli 1974.

19 J. William Schopf, „The Evolution of the Earliest Cells", in:
    Scientific American, Bd. 239, Nr. 3, September 1978, S. 100,
    101.

20 Vgl. Björn Kurtén, „Continental Drift and Evolution", in:
    Scientific American, Bd. 220, Nr. 3, März 1969, S. 54—64.

21 Benjamin Subercaseaux, *Historia inhumana del hombre*. Intro-
    ducción a la psico-antropologia, Santiago de Chile 1964, S.
    105.

22 Gabriel Pons, *Ecologia humana en Centroamérica*. Un ensayo
    sobre la regionalización como instrumento de desarrollo, San
    Salvador 1970, S. 29.

23 Pedro Cunill, *La América andina*, Barcelona 1978, S. 24.

24 Erich Fromm, *Anatomie der menschlichen Destruktivität*,
    Stuttgart 1974, S. 112.

25 Ernest Mandel, *Marxistische Wirtschaftstheorie*, Frankfurt/M. 1978, S. 22.

26 „The Social Systems and Their Alteration" (Anhang B zu: „A Blueprint for Survival") in: *The Ecologist*, London, Bd. 2, Nr. 1, Januar 1972.

27 Vgl. *Early Formative Period of Coastal Ecuador*. The Valdivia and Machalilla Phases, Washington 1965.

28 Dick Ibarra, „Comparación de las culturas precerámicas de Bolivia y el norte de Chile", in: *Congreso Internacional de Arqueologia de San Pedro de Atacama*, Antofagasta 1963, S. 81.

29 Osvaldo R. Menghin, „Industrias de morfologia protolitica en Sudamérica", in: *Congreso Internacional de Arqueologia*, S. 70.

30 *El Nacional*, Caracas, 19. März 1979.

31 Mario Sanoja/Iraida Vargas, *Antiguas formaciones y modos de producción venezolanos*. Notas para el estudio de los procesos de integración de la sociedad venezolana 12.000 A.C. — 1.900 D.C., Caracas 1974, S. 29f.

32 M. Sanoja/I. Vargas, a.a.O., S. 30.

33 Erklärungen von Dr. E. Jahn, zitiert nach: *El Nacional*, 19.3.1979.

34 M. Sanoja/I. Vargas, a.a.O., S. 37.

35 Bereits zitierter Artikel in: *The Ecologist*, Januar 1972 (siehe Anm. 26).

36 Die Jagd führte nach Fromm weder zu Destruktivität noch zu Grausamkeit. Die Höhlenmalereien zeigen keinerlei Kämpfe zwischen Menschen. Fromm unterscheidet zwischen gutartiger Aggression, bei der sich der Mensch wie ein Tier gegen eine Bedrohung verteidigt, und bösartiger Aggression, bei der der Mensch tötet und quält. Tiere töten selten andere Arten — außer zur Verteidigung oder für ihre Nahrung. Auch die Primaten sind wenig aggressiv, es sei denn, sie werden in Zoos eingesperrt oder jemand dringt in ihr Territorium ein. Der zivilisierte Mensch der heutigen Welt ist eine der wenigen Arten, die als Selbstzweck töten und quälen. (Vgl. E. Fromm, *Anatomie der*

menschlichen Destruktivität, passim, insbesondere S. 120f., 162, 122, 167, 92f. 93, 162.)

37 Vgl. Karl Polanyi, *The Great Transformation*. Politische und ökonomische Ursprünge von Gesellschaften und Wirtschaftssystemen, Wien 1977, S. 68; Taschenbuchausg.: Frankfurt/M. 1978, S. 75.

38 Robert Redfield, *The Primitive World and Its Transformations*, Ithaca, New York, 1953, S. 12ff., 8f.

39 E. Fromm, *Anatomie der menschlichen Destruktivität*, S. 132.

39* Vgl. V. Gordon Childe, *Stufen der Kultur*. Von der Urzeit zur Antike, Stuttgart 1955, Kap. III: „Das Barbarentum der Jungsteinzeit", S. 60—85.

40 José Balbino León, Elementos para un análisis ecológico de la energia fósil, Caracas 1976.

41 Scientific American, *El hombre y la ecosfera*, Madrid 1975, S. 7f.

42 Johannes Iversen, „Forest Clearance in the Stone Age", in: *Scientific American*, Bd. 194, Nr. 3, März 1956, S. 36.

43 Vorwort zu: *La energia*, Scientific American, Madrid 1977, S. 9; Roy A. Rappaport, „The Flow of Energy in an Agricultural Society", in: *Scientific American*, Bd. 225, Nr. 3, September 1971, S. 117.

44 Rodolfo Carcavallo, *Salud y ambiente*. Enfoque ecológico y ecosistemático de la salud, Caracas 1976, S. 85.

45 Robert J. Braidwood, „The Agricultural Revolution", in: *Scientific American*, Bd. 203, Nr. 3, September 1960, S. 138.

46 M. Sanoja/I. Vargas, a.a.O., S. 91.

47 Ebenda, S. 49.

48 José Lutzenberger, *Manifesto ecológico*, Mérida 1978, S. 26. [Vgl. Siegfried Pater, *Das grüne Gewissen Brasiliens: José Lutzenberger*, Göttingen 1989. Der Verfasser des *Manifesto ecológico brasileiro* (1976) ist Agraringenieur; bis er 1970 „ausstieg", war er Mitarbeiter von BASF; im Frühjahr 1990 ließ er sich von

der neugewählten konservativen Regierung zum Umweltbeauf-
tragten ernennen.]

49   M. Sanoja/I. Vargas, a.a.O., S. 92f.

50   E. Mandel, *Marxistische Wirtschaftstheorie*, S. 28f.

51   Ebenda, S. 32f.

52   Ebenda, S. 36.

53   V. Childe, *Stufen der Kultur*, S. 61f.

54   Richard S. MacNeish, „The Origins of the New World Civili-
     zation", in: *Scientific American*, Bd. 211, Nr. 5, November
     1964, S. 29.

55   John V. Murra, Vorwort, zu: Graziano Gasparini/Luisa Mar-
     golies, *Arquitectura Inka*, Caracas 1977, S. IX.

56   Paul Rivet/Henri Arsandaux, *La métallurgie en Amérique pré-
     colombienne*, Paris, S. 108.

57   Modesto Bargalló, *La mineria y la metalurgia en la América
     española durante la época colonial*, México 1955, S. 41.

58   Ebenda, S. 41.

59   E. Nordenskiöld, *Modifications in Indian Culture through
     Loans and Inventions*, Göteborg 1930, S. 17, 89f.; hier zitiert
     nach: Arnold J. Toynbee, *A Study of History*, Bd. I, 5., verb.
     Aufl. der 2. überarb. Ausg., London New York Toronto 1951,
     S. 433f. [Nicht enthalten in der Kurzfassung der ersten sechs
     Bände, die in verschiedenen Ausgaben auf deutsch vorliegt.]

60   Arnold Hauser, *Sozialgeschichte der Kunst und Literatur*, Bd. I,
     München 1953, S. 12.

61   Ebenda, S. 4, 7.

62   Ricardo E. Latcham, *La agricultura precolombiana en Chile y
     los paises vecinos*, Santiago 1936, S. 11.

63   Ricardo E. Latcham, *La organización social y las creencias
     religiosas de las antiguos araucanos*, Santiago de Chile 1924, S.
     101.

64   M. Sanoja/I. Vargas, a.a.O., S. 109.

65 Eugenio Turri, *Sociedad y ambiente*, Madrid 1977, S. 17.

66 Vgl. K. Marx, *Grundrisse der Kritik der politischen Ökonomie*. (Rohentwurf), 1857-1858, Anhang 1850-1859, Berlin/DDR 1953, S. 375—413. [Die Bearbeiter haben in diesem und dem folgenden Absatz eine kleine Veränderung gegenüber der spanischsprachigen Ausgabe vorgenommen. Der Autor hat hier offenbar den Abschnitt über „Formen, die der kapitalistischen Produktion vorhergehn" mit der von ihm erwähnten, Ende August bis Mitte September 1957 von Marx geschriebenen und zuerst von Karl Kautsky in *Die Neue Zeit*, 21. Jg., 1. Bd. (1902/03) veröffentlichten „Einleitung [Zur Kritik der Politischen Ökonomie]" verwechselt. Sie ist sowohl in Band 13 der MEW enthalten (S. 615—642) als auch den *Grundrissen* vorangestellt (S. 3—31). An einer Stelle ist hier von „der feudalen, antiken, orientalen" (sowie der bürgerlichen) Ökonomie die Rede (MEW 13, S. 637), ansonsten wird auf die Problematik der Gesellschaftsformationen nicht eingegangen.]

66* *Grundrisse*, a.a.O., S. 395.

67 Vgl. Eugene P. Odum/Josef Reichholt, *Ökologie*. Grundbegriffe, Verknüpfungen, Perspektiven. Brücke zwischen den Natur- und Sozialwissenschaften, Neuausgabe, München Wien Zürich 1980, S. 43—48 („Die Stadt als Ökosystem"); vgl. auch S. 27—29 („Brennstoffgetriebene Ökosysteme").

68 G. Gasparini/L. Margolies, *Arquitectura Inka*, Caracas 1977, S. 71.

69 René Millon, „Teotihuacán como centro de transformación", in: Jorge E. Hardoy/Richard P. Schaedel (Hrsg.), *Las ciudades de América Latina y sus áreas de influencia a través de la historia*, Buenos Aires 1975, S. 22.

70 Ramón Gutiérrez, „Estructura urbana de las misiones jesuiticas del Paraguay", in: Jorge E. Hardoy/Richard P. Schaedel (Hrsg.), *Asentamientos urbanos y organización socioproductiva en la historia de América Latina*, Buenos Aires 1977, S. 152.

71 Louis Baudin, *So lebten die Inkas* vor dem Untergang des Reiches, Stuttgart 1957, S. 260.

72 Friedrich Katz, „Comparación entre algunos aspectos de la evolución del Cuzco y de Tenochtitlán", in: J.E. Hardoy/R.P. Schaedel (Hrsg.), *Las ciudades de América Latina*, S. 34; engl.: „A Comparison of Some Aspects of the Evolution of Cuzco and Tenochtitlán", in: *Urbanization in the Americas from its Beginnings to the Present*, hrsg. von Richard P. Schaedel, Jorge E. Hardoy, Nora Scott Kinzer, The Hague Paris 1978, S. 208.

73 Norman Hammond, „The Planning of a Maya Ceremonial Center", in: *Scientific American*, Bd. 226, Nr. 5, Mai 1972, S. 89, 90.

74 R. Millon, „Teotihuacán come centro de transformación", S. 21f., 24, 20.

75 Francisco Encina, *Historia de Chile*, Bd. III, Santiago 1948, S. 67.

76 Charles A. Beard/Mary R. Beard, *The Rise of American Civilization*, Bd. I: The Agricultural Era, New York 1927, S. 11.

77 Vgl. Andre Gunder Frank, „Zum Indioproblem in Lateinamerika", in: ders., *Kapitalismus und Unterentwicklung in Lateinamerika*, Frankfurt/M. 1969, S. 131—150, insbesondere S. 135.

78 Vgl. Luis Vitale, *Interpretación marxista de la historia de Chile*, Bd. II: La colonia y la revolución de 1810, Santiago de Chile 1969, S. 15f.

79 Vgl. *Interpretación marxista*, Bd. II, Kap. I; sowie: „Ist Lateinamerika feudal oder kapitalistisch?" (1966), in: Bolivar Echeverria/Horst Kurnitzky (Hrsg.), *Lateinamerika: Entwicklung der Unterentwicklung*, 3., gek. Aufl., Berlin 1980, S. 73f.

80 Federico Brito Figueroa, *Historia económica y social de Venezuela*. Una estructura para su estudio, Bd. I., Caracas 1966, S. 72, 74f.

81 M. Bargallo, *La minería y la metalurgia en la América espanola*, S. 351.

82 Pedro Cunill, „Variables geohistóricas sociales en los procesos de degradación del uso rural de la tierra en América Andina", in: *Terra*, Caracas, Nr. 3, 1978, S. 10.

83 M. Sanoja/I. Vargas, *Antiguas formaciones y modos de producción venezolanos*, S. 230.

84 P. Cunill, „Variables geohistóricas sociales…", S. 18

85 Sidney David Markman, „Reflejo de las variables étnicas en la urbanización de Centroamérica colonial", in: J.E. Hardoy/R.P. Schaedel (Hrsg.), *Asentamientos urbanos*, S. 115.

86 Francisco de Solano, „Politica de concentración de la población indigena", in: J.E. Hardoy/R.P. Schaedel (Hrsg.), *Asentamientos urbanos*, S. 97.

87 José Luis Romero, *Latinoamérica: las ciudades y las ideas*, México 1976, S. 101f., 107.

88 P. Cunill, a.a.O., S. 17, 18.

89 Ebenda, S. 21.

90 Ebenda, S. 27.

91 Nicolo Gligo/Jorge Morello, Notas sobre la historia ecológica de América Latina, Santiago de Chile 1979, S. 40ff.

92 J.L. Romero, *Latinoamérica: las ciudades y las ideas*, S. 160, 177, 225, 281.

93 Bainbridge Cowell, „Origenes de los migrantes a una ciudad del siglo XIX: el caso de Recife", in: J.E. Hardoy/R.P. Schaedel (Hrsg.), *Asentamientos urbanos*, S. 160.

94 Vgl. United Nations, Secretariat, Department of Economic and Social Affairs, *Growth of the World's Urban and Rural Population*, New York 1969.

95 Markos Mamalakis, „Urbanización y transformaciones sectoriales en América Latina (1950-1970)", in: J.E. Hardoy/R.P. Schaedel (Hrsg.), *Asentamientos urbanos*, S. 292.

96 Antonio Elio Brailowsky/Dina Foguelman, „Corporaciones multinacionales y medio ambiente", Caracas 1980, S. 3, 19.

97 Alfredo Eric Calcagno/Jean-Michael Jakobowicz, *El monólogo norte-sur y la explotación de los paises subdesarrolados*, México 1981, S. 89.

98 Vgl. *El Nacional*, 5.1.1979.--/Vgl. auch: „Atomgeschäft: Milliarden-Pleite in Brasilien" und „'Wir sind nicht unterrichtet worden' -- Spiegel-Interview mit den KWU-Vorstandsmitgliedern Barthelt und Frewer über das Brasiliengeschäft", in: *Der Spiegel*, 18.9.1978, S. 124—134.

99 Vgl. *El Nacional*, 13.4.1979.

100 Vgl. *El Nacional*, 7.2.1979.

101 Fernando H. Cardoso, „Entwicklung und Umwelt: Der Fall Brasilien" (1980), in: Achim Schrader/Heinz Schlüter (Hrsg.), *Ökologie-Diskussion in Lateinamerika*, Sozialwissenschaftliche Beiträge, Münster 1986, S. 285, 293, 286ff.

102 Francisco Szekely, „Los problemas ambientales en México", in: F. Szekely (Hrsg.), *El medio ambiente en México y América Latina*, México 1982, S. 29.

103 Centre International pour le Développement, Medio ambiente marginal y estilos de desarrollo en América Latina, 1979, S. 33.

104 Zitiert nach: Roberto Segre, *Las estructuras ambientales de América Latina*, México 1977, S. 39.

105 Manuel Scorza, *Redoble por Rancas*, Barcelona 1970, S. 127, 127f.; dt.: *Trommelwirbel für Rancas*, Frankfurt/M. 1975, S. 115, 115f.

106 Ignacio Vergara, Transporte maritimo y contaminación en América Latina y el Caribe, Caracas 1979, S. 34.

107 Centre International pour le Développement, Medio ambiente marginal, S. 34.

108 Francisco Mieres, El deterioro ambiental en una sociedad petrolera dependiente: el caso de Venezuela, Caracas 1980, S. 9.

109 Ebenda, S. 14, 17.

110 Howard T. Odum, „Biological Circuits and the Marine Systems of Texas", in: T.A. Olson/F.J. Burgess (Hrsg.), *Pollution and Marine*, New York 1967, S. 143; hier zitiert nach: Eugene P. Odum, *Grundlagen der Ökologie*, Bd. 1, Stuttgart—New York 1980, S. 67.

111 Francisco Szekely, La industria quimica y el medio ambiente en América Latina, 1979, S. 23.

112 Osvaldo Sunkel, „La interacción entre los estilos de desarrollo y el medio ambiente en América Latina", in: *Revista de la CEP-AL*, Nr. 12, Dezember 1980, S. 38.

113 Jorge E. Hardoy, „Notas acerca de la reforma agraria come medio de transformación del territorio", in: J.E. Hardoy/R.P. Schaedel (Hrsg.), *Asentamientos urbanos*, S. 252.

114 P. Cunill, *La América Andina*, S. 115f.

115 Zitiert nach: *El Nacional*, 17.11.1981.

116 Giovanni Batista Zorzoli, *El dilema energético*, Madrid 1978, S. 168.

117 Anibal Pinto, „Comentarios al articulo 'La interacción entre los estilos de desarrollo y el medio ambiente en América Latina'", in: *Revista de la CEPAL*, Nr. 12, Dezember 1980, S. 55.

118 *Revista de la CEPAL*, Nr. 12, S. 46.

119 *Revista de la CEPAL*, Nr. 12, S. 49f.

120 Ernest Mandel, *Leo Trotzki*. Eine Einführung in sein Denken, Berlin 1981, S. 146.

121 Théodore Monod, „Ecologia y revolución", in: *Boletin OESE*, Nr. 8, August 1974, S. 10.

122 Michel Bosquet, „Ecologia y revolución", in: *Boletin OESE*, Nr. 7, Juli 1974.

123 Francisco Mieres, Referat bei einem vom MAS organisierten Seminar über den „realen Sozialismus", Caracas 1981.

124 Pablo Gutman, Medio ambiente urbano, Cumaná 1980, S. 7.

Literaturverzeichnis

Ebenso wie die Zitate wurden alle bibliographischen Angaben über-
prüft, sofern dies mit einem vertretbaren Aufwand und in den zur
Verfügung stehenden Bibliotheken möglich war. In dem folgenden
Verzeichnis werden nicht notwendigerweise die vom Verfasser be-
nutzten Ausgaben genannt; wo sie zu eruieren waren, werden statt-
dessen Übersetzungen ins Deutsche oder englisch- bzw. französisch-
sprachige Originalausgaben genannt.

Bagú, Sergio, *Economia de la sociedad colonial*. Ensayo de historia
    comparada de América Latina, Buenos Aires: Libreria y Editorial
    „El Ateneo", 1949.

Bagú, Sergio, *Estructura social de la colonia*. Ensayo de historia
    comparada de América Latina, Buenos Aires: Libreria „El Ate-
    neo", 1952.

Bambirra, Vania, *El capitalismo dependiente latinoamericano*, Mé-
    xico, D.F.: Siglo XXI editores, 1974.

Bargalló, Modesto, *La mineria y la metalurgia en la América
    española durante la época colonial*, México, D.F.: Fondo de
    Cultura Económica, 1955, (Sección de obras de economia).

Baudin, Louis, *So lebten die Inkas* vor dem Untergang des Reiches,
    Stuttgart: Deutsche Verlags-Anstalt, 1957.--Originalausg.: Paris
    1955.

Beard, Charles A./Beard, Mary R., *The Rise of American Civiliza-
    tion*. Bd. I: *The Agricultural Era*, New York: The Macmillan
    Company, 1927.

Bernal, John Desmond, *Wissenschaft*. Science in History, 4 Bände,
    Reinbek bei Hamburg: Rowohlt Taschenbuch Verlag, 1970,
    (rororo sachbuch, Nr. 6743-6762).--Originalausgabe: London
    1954; dt. zuerst Berlin/DDR 1961, 3., bearb. Aufl. 1967.

Bertalanffy, Ludwig von, *General System Theory*. Foundations,
    Development, Applications, New York: George Braziller, 1969.-
    -2., erw. Ausg. London 1971.

Braidwood, Robert J., „The Agricultural Revolution", in: *Scientific American*, Bd. 203, Nr. 3, September 1960, S. 130—148.

Brito Figueroa, Federico, *Historia económica y social de Venezuela. Una estructura para su estudio*, 2 Bände, Caracas: Dirección de Cultura, Universidad Central de Venezuela, 1966, (Colección Humanismo y Ciencia, Bd. 2).

Buckley, Walter, *Sociology and Modern Systems Theory*, Englewood Cliffs, New Jersey: Prentice-Hall, 1967, (Prentice-Hall Sociology Series).

Calcagno, Alfredo Eric/Jakobowicz, Jean-Michel, *El monólogo norte-sur y la explotación de los paises subdesarrolados*, México, D.F.: Siglo XXI editores, 1981.--Originalausgabe: Paris 1981.

Canguilhem, Georges, *La connaissance de la vie*, 2., durchges. u. erw. Ausg., Paris: Librairie Philosophique J. Vrin, 1965, (Problèmes et controverses).

Carcavallo, Rodolfo U./Plencovich, Ana Rosa, *Ecologia y salud humana*, Buenos Aires: Intermédica, 1973.

Cardoso, Fernando H., „Entwicklung und Umwelt: Der Fall Brasilien", in: Achim Schrader/Heinz Schlüter (Hrsg.), *Ökologie-Diskussion in Lateinamerika*. Sozialwissenschaftliche Beiträge, Münster: Anuario, 1986, (Anuario--Münsteraner Beiträge zur Lateinamerika-Forschung, Bd. 2), S. 255—299.

Cardoso, Fernando H./Faletto, Enzo, *Abhängigkeit und Entwicklung in Lateinamerika*, Frankfurt/M.: Suhrkamp Verlag, 1976, (edition suhrkamp, Nr. 841).--Originalausgabe: México, D.F., 1969.

Castells, Manuel, *Problemas de investigación en sociologia urbana*, México, D.F.: Siglo XXI editores, 1973.

Chaunu, Pierre, *Histoire de l'Amérique latine*, 10. aktualis. Aufl., Paris: Presses Universitaires de France, 1988, (Que sais-je? Le point des connaissances, Nr. 361).

Childe, [Vere] Gordon, *Stufen der Kultur*. Von der Urzeit zur Antike, Stuttgart: W. Kohlhammer Verlag, 1952.--Originalausgabe: Harmondsworth, Middlesex, 1942.

Congreso Internacional de Arqueologia de San Pedro de Atacama (6—13 de enero de 1963), Antofagasta, Chile: Universidad del Norte, 1963, (Anales, Nr. 2).

Conicit, „Ecologia", in: *Revista Ciencia y Tecnologia de Venezuela*, Bd. I, Nr. 2, 1977.

Córdova, Armando/Silva Michelena, Héctor, *Die wirtschaftliche Struktur Lateinamerikas*. Drei Studien zur politischen Ökonomie der Unterentwicklung, Frankfurt/M.: Suhrkamp Verlag, 1969, (edition suhrkamp, Nr. 311).--Originalausgabe: Caracas 1967.

Cowell, Bainbridge, „Origenes de los migrantes a una ciudad del siglo XIX: el caso de Recife", in: J.E. Hardoy/R.P. Schaedel (Hrsg.), *Asentamientos urbanos*.

Cruxent, José Maria, „Apuntes sobre arqueologia venezolana", in: *Arte prehispánico de Venezuela*, Caracas: Fundación Eugenio Mendoza, 1971.

Cunill, Pedro, *La América andina*, Barcelona: Editorial Ariel, 1978, (Serie de geografia universal, Nr. 8; Colección Elcano, Serie II).

Cunill, Pedro, „Variables geohistóricas sociales en los procesos de degradación del uso rural de la tierra en América andina", in: *Terra*, Caracas, Nr. 3, 1978.

La dependencia politica-económica de América Latina, México, D.F.: Siglo XXI, 1970.

Descartes, René, *Discours de la Méthode. Von der Methode* des richtigen Vernunftgebrauchs und der wissenschaftlichen Forschung, hrsg. von Lüder Gäbe, Hamburg: Felix Meiner Verlag, 1960, (Philosophische Bibliothek, Bd. 261).

Dos Santos, Theotonio, *El nuevo carácter de la dependencia*, Santiago: Centro de Estudios Socio-Económicos, Universidad de Chile, 1968, (CESO, Cuaderno, Nr. 10).

Early Formative Period of Coastal Ecuador. The Valdivia and Machalilla Phases, von Betty J. Meggers, Clifford Evans, Emilio Estrada, Washington, D.C.: Smithsonian Institution, 1965, (Smithsonian Contributions to Anthropology, Bd. 1).

Encina, Francisco, *Historia de Chile desde la prehistoria hasta 1891*, Bd. III, Santiago, Chile: Editorial Nascimento, 1948.

Engels, Friedrich, Brief vom 21./22.9.1890 an Joseph Bloch, in: MEW, Bd. 37, S. 462—465.

Engels, Friedrich, Brief vom 25.1.1894 an Walther Borgius, in: MEW, Bd. 39, S. 205—207.

Engels, Friedrich, „Dialektik der Natur" (geschrieben 1873-1883; zuerst veröffentlicht 1925), in: MEW, Bd. 20, S. 305—568.

Engels, Friedrich, „Herrn Eugen Dührings Umwälzung der Wissenschaft" (Anti-Dühring); (geschrieben 1876-1878), in: MEW, Bd. 20, S. 1—303.

Folch i Guillén, Ramón, *Sobre ecologismo y ecologia aplicada*, Barcelona: Ketres Editora, 1977.

Frank, Andre Gunder, *Kapitalismus und Unterentwicklung in Lateinamerika*, Frankfurt/M.: Europäische Verlagsanstalt, 1969, (dritte welt).--Originalausgabe: New York 1967; 2. überarb. u. erw. Ausg. 1969.

Fromm, Erich, *Anatomie der menschlichen Destruktivität*, Stuttgart: Deutsche Verlags-Anstalt, 1974.--Taschenbuchausgabe: Reinbek 1977. Originalausgabe: New York - Chicago - San Francisco 1973.

Furtado, Celos, *Economic Development of Latin America*. A Survey from Colonial Times to the Cuban Revolution, Cambridge; University Press, 1970, (Cambridge Latin American Studies, Bd. 8).

Gasparini, Graziano/Margolies, Luise: *Arquitectura Inka*, mit einem Vorwort von John V. Murra, Caracas: Centro de Investigaciones Históricas y Estéticas, Facultad de Arquitectura y Urbanismo, Universidad Central de Venezuela, 1977.

George, Pierre, *Sociologie et géographie,* Paris: Presses Universitaires de France, 1966, (Le sociologue, Bd. 6).

Godelier, Maurice, *La notion de „mode de production asiatique" et les schémas marxistes de l'évolution des sociétés*, Paris: Centre d'Etudes et de Recherches Marxistes, 1964, (Les Cahiers du C.E.R.M.).

Gonzáles Almeida, Ramón, *El enfoque global de la problemática ambiental en ecologia y conservación*, Valencia, Venezuela: Editorial Universitaria de Carabobo, 1976.

Gorz, André, *Ecologie et politique*, 2., erweiterte Ausgabe, Paris: Editions du Seuil, 1978, (Points; Politique, Nr. 89).

Graciarena, Jorge, *Poder y clases sociales en el desarrollo de América Latina*, Buenos Aires: Editorial Paidós, 1972, (Biblioteca América Latina, Bd. 5).

Gutiérrez, Ramón, „Estructura urbana de las misiones jesuiticas del Paraguay", in: J.E. Hardoy/R.P. Schaedel (Hrsg.), *Asentamientos urbanos*.

Hagen, Victor Wolfgang von, *Maya*. Land of the Turkey and the Deer, Cleveland: World Publishing Company, 1960.

Hagen, Victor Wolfgang von, *Die Kultur der Maya*, Hamburg: Paul Zsolnay Verlag, 1960.--Originalausgabe: New York 1960.

Halperin Donghi, Tulio, *Historia contemporánea de América Latina*, Madrid: Alianza Editorial, 1969, (El libro de bolsillo, Nr. 192).

Hammond, Norman, „The Planning of a Maya Ceremonial Center", in: *Scientific American*, Bd. 226, Nr. 5, Mai 1972, S. 82—91.

Hardoy, Jorge E./Schaedel, Richard P. (Hrsg.), *Asentamientos urbanos y organización socioproductiva en la historia de América Latina*, Buenos Aires: Ediciones SIAP, 1977.

Hardoy, Jorge E./Schaedel, Richard P. (Hrsg.), *Las ciudades de América Latina y sus áreas de influencia a través de la historia*, Buenos Aires: Ediciones SIAP, 1976.

Haring, Clarence Henry, *The Spanish Empire in America*, Gloucester, Massachusetts: P. Smith, 1973.

Hauser, Arnold, *Sozialgeschichte der Kunst und Literatur*, 2 Bände, München: C.H. Beck'sche Verlagsbuchhandlung, 1953.--Spätere Auflagen in einem Band.

Hernández Rodriguez, Guillermo, *De los chibchas a la colonia y a la República*, Del clan a la encomienda y al latifundio en Colombia, Bogotá: Universidad Nacional de Colombia, Sección de Extensión Cultural, 1949.

Ibarra, Dick, „Comparación de las culturas precerámicas de Bolivia y el norte de Chile", in: *Congreso Internacional de Arqueologia de San Pedro de Atacama.*

Iversen, Johannes, „Forest Clearance in the Stone Age", in: *Scientific American*, Bd. 194, Nr. 3, März 1956, S. 36—41.

Jaleé, Pierre, *Die Ausbeutung der Dritten Welt*, Frankfurt/M.: Verlag Neue Kritik, 1968, (Probleme sozialistischer Politik, Nr. 7).--Originalausgabe: Paris 1965; 2., überarb. u. erw. Ausg. (6. Aufl.) Paris 1973.

Katz, Friedrich, „A Comparison of Some Aspects of the Evolution of Cuzco and Tenochtitlán", in: *Urbanization in the Americas from Its Beginnings to the Present*, S. 203—214.

Kline, George L. (Hrsg.), *Spinoza in Soviet Philosophy*. A Series of Essays, London: Routledge and Kegan Paul, 1952.

Kosik, Karel, *Dialektik des Konkreten*. Eine Studie zur Problematik des Menschen und der Welt, Frankfurt/M.: Suhrkamp Verlag, 1967, (Theorie 2).--Originalausgabe: Praha 1963.

Kurtén, Björn, „Continental Drift and Evolution", in: *Scientific American*, Bd. 220, Nr. 3, März 1969, S. 54—64.

Latcham, Ricardo, *La agricultura precolombiana en Chile y los paises vecinos*, Santiago: Ediciones de la Universidad de Chile, 1936.

Latcham, Ricardo, *La organización social y las creencias religiosas de los antiguas araucanos*, Santiago de Chile: Imprenta Cervantes, 1924.

Lenin, ciencia y politica, Buenos Aires: Ed. Tiempo Contemporáneo, 1973.

Lipschutz, Alejandro, *La comunidad indigena en América y en Chile*. Su pasado histórico y sus perspectivas, Santiago de Chile: Editorial Universitaria, 1956, (Colección América nuestra).

Lutzenberger, José A., *Fim do futuro?* Manifesto ecológico brasileiro, Porto Alegre: Editora Movimento, 1976, (Coleçao Movimento, Bd. 12).

Lutzenberger, José/Schwartzkopff, Michael, *Giftige Ernte*. Tödlicher Irrweg der Agrarchemie. Beispiel: Brasilien, mit einem Vorwort von Hubert Weinzierl, Greven: Eggenkamp Verlag, 1988.

McHale, John, *Der ökologische Kontext*, Frankfurt/M.: Suhrkamp, 1974, (suhrkamp taschenbuch, Nr. 90).

Macneish, Richard S., „The Origins of the New World Civilization", in: *Scientific American*, Bd. 211, Nr. 5, November 1964, S. 29—37.

Malavé Mata, Héctor, *Formación histórica del antidesarrollo de Venezuela*, La Habana: Casa de las Américas, 1974.--2. Ausg. Caracas 1974.

Mamalakis, Markos, „Urbanización y transformaciones sectoriales en América Latina (1950—1970)", in: J.E. Hardoy/R.P. Schaedel (Hrsg.), *Asentamientos urbanos*.

Mandel, Ernest, *Leo Trotzki*, Eine Einführung in sein Denken, Berlin: Olle & Wolter, 1981.--Originalausgabe: London 1979.

Mandel, Ernest, *Marxistische Wirtschaftstheorie*, Frankfurt/M.: Suhrkamp Verlag, 1968.--Originalausgabe: Paris 1962.

Mao Tse-Tung, „Über den Widerspruch" (August 1937; in überarbeiteter Form veröffentlicht 1952), in: *Ausgewählte Werke*, Bd. I, Peking: Verlag für fremdsprachige Literatur, 1968.

Mariátegui, José Carlos, *Sieben Versuche, die peruanische Wirklichkeit zu verstehen*, Berlin: Argument; Edition Exodus, 1986.--Originalausgabe: Lima 1928.

Marini, Ruy Mauro, *Dialéctica de la dependencia*, México, D.F.: Ediciones Era, 1973, (Serie popular Era, Nr. 22).

Markman, Sidney David, „Reflejo de las variables étnicas en la urbanización de Centroamérica colonial", in: J.E. Hardoy/R.P. Schaedel (Hrsg.), *Asentamientos urbanos*.

Marx, Karl, „Differenz der demokritischen und epikureischen Naturphilosophie nebst einem Anhange" (geschrieben 1840/41, Dissertation Bonn 1841), in: MEW, Bd. 40, S. 257—373.

Marx, Karl, „Grundrisse der Kritik der politischen Ökonomie" (geschrieben 1857/58; veröffentlicht 1939/41), in: MEW, Bd. 42, S. 15—768.

Marx, Karl, *Das Kapital*. Kritik der politischen Ökonomie. Erster Band. Buch I: Der Produktionsprozeß des Kapitals (1. Ausg. Hamburg 1867), MEW, Bd. 23.

Marx, Karl/Engels, Friedrich, „Die deutsche Ideologie. Kritik der neuesten deutschen Philosophie in ihren Repräsentanten Feuerbach, B. Bauer und Stirner und des deutschen Sozialismus in seinen verschiedenen Propheten" (geschrieben 1845/46; veröffentlicht 1932), in: MEW, Bd. 3, S. 9—530.

Maza Zavala, Domingo Felipe, *Venezuela, une economia dependiente*, Caracas: Instituto de Investigaciones, Facultad de Economia, Universidad Central de Venezuela, 1964.

Menghin, Osvaldo, *Origen y desarrollo de la especie humana*, Buenos Aires: Editorial Nova, 1958, (Compendios Nova de iniciación cultural, Nr. 14).

Menghin, Osvaldo, „Industrias de morfologia protolitica en Sudamérica", in: *Congreso Internacional de Arqueologia de San Pedro de Atacama*.

Metraux, Alfred, *Les Incas*, Paris: Editions du Seuil, 1962, (Le temps qui court, Nr. 26).

Millon, René, „Teotihuacán como centro de transformación", in: J.E. Hardoy/R.P. Schaedel (Hrsg.), *Las ciudades de América Latina*, S. 19—26.

Modos de producción en América Latina, Córdoba: Ediciones Pasado y Presente; Siglo XXI Argentina Editores, 1973, (Cuadernos de Pasado y Presente, Nr. 40).

Morgan, Lewis H., *Die Urgesellschaft*. „Ancient Society". Untersuchungen über den Fortschritt der Menschheit aus der Wildheit durch die Barbarei zur Zivilisation, Nachdruck der 2., durchges. Aufl., mit einer Einführung von Hans-Jürgen Hildebrandt, Lollar/Lahn: Verlag Andreas Achenbach, 1976, (Kulturanthropologische Studien zur Geschichte, Supplement-Band 1).-- Originalausgabe: London 1877; deutsch: Stuttgart 1891; 2. durchges. Aufl. 1908.

Morley, Sylvanus Griswold, *The Ancient Maya*, Stanford, California: Stanford University Press; London: Geoffrey Cumberlege, Oxford University Press, 1946.

Murra, John Vincent, *The Economic Organization of the Inka State*, Greenwich, Connecticut: Jai Press, 1980, (Research in Economic Anthropology; A Research Annual, Supplement 1).-- Überarb. Fassung der Dissertation Chicago 1955.

Odum, Eugene P., *Grundlagen der Ökologie*, 2 Bde., Stuttgart-New York: Georg Thieme Verlag, 1980.--1. Ausg. Philadelphia 1953; 3. Ausg. Philadelphia 1971.

Odum, Eugene P./Reichholf, Josef, *Ökologie*. Grundbegriffe, Verknüpfungen, Perspektiven. Brücke zwischen den Natur- und Sozialwissenschaften, 4., völlig neubearb. Aufl., München-Wien-Zürich: BLV-Verlagsgesellschaft, 1980.--1. Ausg. London 1963; 2. Ausg. London 1975; 1. dt. Ausg. München 1967.

Pater, Siegfried, *Das grüne Gewissen Brasiliens: José Lutzenberger*, Göttingen: Lamuv, 1989.

Petras, James/Zeitlin, Maurice (Hrsg.), *Latin America: Reform or Revolution?* A Reader, New York: Fawcett Publications, 1968, (Fawcett Premier Books; Political Perspectives Series, Nr. P412).

Pinto, Anibal, „Comentarios al articulo 'La interacción entre los estilos de desarrollo y el medio ambiente en América Latina", in: *Revista de la CEPAL*, Nr. 12, Dezember 1980.

Pla, Alberto J., *América Latina siglo XX*. Economia, sociedad y revolución, Buenos Aires: C. Pérez, 1969, (Colección Hechos y palabras).

de la Plaza, Salvador, „Estructura agraria", in: *Cuadernos de Ruedo Ibérico*, Paris, Nr. 22—24, Dezember 1968—Mai 1969, S. 213—237.

Polanyi, Karl, *The Great Transformation*. Politische und ökonomische Ursprünge von Gesellschaften und Wirtschaftssystemen, Wien: Europaverlag, 1977.--Taschenbuchausgabe: Frankfurt/M. 1978. Originalausgabe: New York-Toronto 1944.

Pons, Gabriel, *Ecologia humana*. Un esayo sobre la regionalización como instrumento de desarrollo, San Salvador: Secretaria General de la Organización de Estados Centroamericanos, 1970, (Serie Monografias tecnicas, Bd. 7).

Puiggrós, Rodolfo, *De la colonia a la revolución*, Buenos Aires: Editorial Lautaro, 1940.

Rapoport, Amos, „Some Aspects of the Organization of Urban Space", in: Gary J. Coates/Kenneth M. Moffett (Hrsg.), *Response to Environment*, Raleigh, North Carolina: School of Design, North Carolina State University, 1969, (Student Publication, Bd. 18), S. 121—140.

Rappaport, Roy A., „The Flow of Energy in an Agricultural Society", in: *Scientific American*, Bd. 225, Nr. 3, September 1971, S. 116—132.

Redfield, Robert, *The Primitive World and Its Transformations*, Ithaca, New York: Cornell University Press, 1953.

Ribeiro, Darcy, *Amerika und die Zivilisation*. Entstehungsprozeß und Ursachen der ungleichen Entwicklung der amerikanischen Völker, Frankfurt/M.: Suhrkamp, 1985.--Erste Ausgabe: Buenos Aires 1969; 1. brasil. Ausg. Petrópolis 1977.

Ribeiro, Darcy, *Der zivilisatorische Prozeß*, Frankfurt/M.: Suhrkamp, 1971, (Theorie).--Taschenbuchausgabe: Frankfurt/M. 1983. Originalausgabe: Rio de Janeiro 1968.

Rivet, Paul, *Les origines de l'homme américain*, Montréal: Les Editions de l'Arbre, 1943, (Collection „France forever").--Zuerst in der Zs. *Anthropologie*, 1925.

Rivet, Paul/Arsandaux, Henri, *La métallurgie en Amérique précolombienne*, Paris: Institut d'Ethnologie, 1946, (Université de Paris; Travaux et mémoires de l'Institut d'Ethnologie, Bd. XXXIX).

Romero, José Luis, *Latinoamérica: las ciudades y las ideas*, México, D.F.: Siglo XXI editores, 1976.

Rosenblat, Angel, *La población indigena*, 1492-1950, Buenos Aires: Editorial Nova, 1954, (La población indigena y el mestizaje en

América, Bd. I).--Zerst 1935 in einer Zs.; Buchausgabe: Buenos Aires 1945.

Saint-Marc, Philippe, *Socialisation de la nature*, Paris: Stock, 1971.

Sanoja, Mario/Vargas, Iraida, *Antiguas formaciones y modos de producción de la sociedad venezolana, 12.000 A.C. – 1.900 D.C.*, Caracas: Monte Avila Editores, 1974, (Colección Temas venezolanos).

Schmidt, Alfred, *Der Begriff der Natur in der Lehre von Marx*, 2., überarb. u. erw. Ausg., Frankfurt/M.: Europäische Verlagsanstalt, 1971, (basis studienausgaben).--1. Ausg. 1962.

Schmidt, Alfred, *El concepto de naturaleza en Marx*, mit einem Nachwort von Lucio Colletti, Madrid: Siglo XXI editores, 1977, (Biblioteca del pensamiento socialista).

Schopf, J. William, „The Evolution of the Earliest Cells", in: *Scientific American*, Bd. 239, Nr. 3, September 1978, S. 84—102.

Schrader, Achim/Schlüter, Heinz (Hrsg.), *Ökologie-Diskussion in Lateinamerika*. Sozialwissenschaftliche Beiträge, Münster: Anuario, 1986, (Anuario; Münsteraner Schriften zur Lateinamerika-Forschung, Bd. 2).

Scientific American, *La energia*, Madrid: Ediciones Hermann Blume, 1977.

Scorza, Manuel, *Trommelwirbel für Rancas*. Eine Ballade, die davon erzählt, was geschah -- zehn Jahre, bevor Oberst Marruecos den zweiten Friedhof von Chinche gründete, Frankfurt/M.: Suhrkamp, 1975.--Taschenbuchausgabe: Frankfurt/M. 1980; Originalausgabe: Barcelona 1970.

Segre, Roberto, *Las estructuras ambientales de América Latina*, México, D.F.: Siglo XXI editores, 1977.

de Solano, Francisco, „Politica de concentración de la población indigena", in: J.E. Hardoy/R.P. Schaedel (Hrsg.), *Asentamientos urbanos*.

Soustelle, Jacques, *La vie quotidienne des Aztèques* à la veille de la conquête espagnole, Paris: Hachette, 1955.

Stein, Stanley J./Stein, Barbara H., *The Colonial Heritage of Latin America*. Essays on Economic Dependence in Perspective, New York: Oxford University Press, 1970.

Subercaseaux, Benjamin, *Historia inhumana del hombre*. Introducción a la psico-antropologia, Santiago de Chile: Ediciones Ercilla, 1964.

Sunkel, Osvaldo, „La interacción entre los estilos de desarrollo y el medio ambiente en América Latina", in: *Revista de la CEPAL*, Nr. 12, Dezember 1980.

Sunkel, Osvaldo/Paz, Pedro, *El subdesarrollo latinoamericano y la teoria del desarrollo*, México, D.F.: Siglo XXI, 1970, (Textos del Instituto Latinoamericano de Planificación Económica y Social).

Sunkel, Osvaldo/Gligo, Nicolo (Hrsg.), *Estilos de desarrollo y medio ambiente en la América Latina*, México, D.F.: Fondo de Cultura Económica, 1980, (El Trimestre económico; Lecturas, Nr. 36).

Szekely, Francisco (Hrsg.), *El medio ambiente en México y América Latina*, México, D.F.: Editorial Nueva Imagen, 1978, (Serie Ecologia y sociedad).

Tirado Mejia, Alvaro, *Aspectos sociales de las guerras civiles en Colombia*, Bogotá: Instituto Colombiano de Cultura, Sudirección de Comunicaciones Culturales, 1976, (Biblioteca Básica Colombiana).

Torres Rivas, Edelberto, *Procesos y estructuras de una sociedad dependiente*. Centroamérica, Santiago, Chile: Ediciones Prensa Latinoamericana, 1969, (Colección América nueva).--2. Ausg. unter dem Titel: Interpretación del desarrollo social centroamericano. Procesos y estructuras de una sociedad dependiente.

Toynbee, Arnold J., *A Study of History*, 2. Ausg., 5. Aufl., Bd. I, London-New York-Toronto: Oxford University Press, 1951.

Turri, Eugenio, *Sociedad y ambiente*, Madrid: Villalar Editorial, 1977, (Colección Villalar).

United Nations, Secretariat, Department of Economic and Social Affairs, *Growth of the World's Urban and Rural Population, 1920–2000*, New York: United Nations, 1969, (Population Studies, Nr. 44).

Urbanization in the Americas from Its Beginnings to the Present, herausgegeben von Richard P. Schaedel, Jorge E. Hardoy, Nora Scott Kinzer, The Hague-Paris: Mouton Publishers, 1978, (World Anthropology).

Vaillant, Georges C., *Aztecs of Mexico*. Origin, Rise and Fall of the Aztec Nation, Garden City, New York: Doubleday, Doran & Company, 1941, (The American Museum of Natural History; Science Series).

Vitale, Luis, *La formación social latinoamericana (1930–1978)*, Barcelona: Editorial Fontamara, 1979, (Argumentos).

Vitale, Luis, *Interpretación marxista de la historia de Chile*. Bd. I: Las culturas primitivas. La conquista española, mit einem Vorwort von Julio César Jobet, Santiago de Chile: Prensa Latinoamericana, 1967.

Vitale, Luis, *Interpretación marxista de la historia de Chile*. Bd. II: La colonia y la revolución de 1810, Santiago de Chile: Prensa Latinoamericana, 1969.

Vitale, Luis, „Ist Lateinamerika feudal oder kapitalistisch?" Brauchen wir eine bürgerliche oder eine sozialistische Revolution?" (1966), in: Bolivar Echeverria/Horst Kurnitzky (Hrsg.), *Lateinamerika: Entwicklung der Unterentwicklung*. Sechs Analysen zur ökonomischen und sozialen Lage in Lateinamerika, 3. Aufl., Berlin: Verlag Klaus Wagenbach, 1980, (Politik, Nr. 15), S. 65—89.

Zavala, Silvio Arturo, *Las instituciones juridicas en la conquista de América*, 2., durchges. u. erw. Ausg., México, D.F.: Editorial Porrúa, 1967, (Biblioteca Porrúa, Bd. 50).--1. Ausg. Madrid 1935.

Zorzoli, Giovanni Batista, *El dilema energético*, Madrid: Ediciones Hermann Blume, 1978.

Umdrucke, unveröffentlichte, bibliographisch nicht zu ermittelnde Beiträge

Brailowsky, Antonio Elio/Foguelman, Dina, Corporaciones multinacionales y medio ambiente (Referat für das Seminar „Industrialización, recursos y ambiente en América Latina", Cumaná, Venezuela, 20.—24. Oktober 1980, organisiert von CLACSO, ILDIS, MARNR, PNUMA).

Carcavallo, Rodolfo, Salud y ambiente. Enfoque ecológico y ecositemático de la salud, Caracas: UCV, 1976.

Centre Internacional pour le Développement, Medio ambiente marginal y estilo de desarrollo en América Latina, CEPAL, PNUMA, 1979.

Gligo, Nicolo/Morello, Jorge, Notas sobre la historia ecológica de América Latina (Referat für das Regionalseminar von CEPAL/PNUMA, Santiago de Chile, 19.—23. November 1979).

Gutman, Pablo, Medio ambiente urbano. Interrogantes y reflexiones (Referat für das Seminar „Industrialización, recursos y ambiente en América Latina").

Lefebvre, Henri, La naturaleza, fuente de plazer (Gespräch, Madrid, 1978).

Leff, Enrique, Ecologia y capital.

León, José Balbino, Elementos para un análisis ecológico de la energia fósil, Caracas: UCV, 1976.

León, José Balbino, Notas al programa de ecologia y ambiente de la Universidad de Zulia, Maracaibo: Facultad de Arquitectura, November 1977.

Mieres, Francisco, El deterioro ambiental en una sociedad petrolera dependiente: el caso de Venezuela (Referat für das Seminar „Industrialización, recursos y ambiente en América Latina").

Mieres, Francisco, (Referat für das Seminar „El socialismo real", Caracas, 1981, organisiert vom „Movimiento al Socialismo").

Szekely, Francisco, La industria quimica y el medio ambiente en América Latina, PNUMA/CEPAL, Mai 1979.

Vergara, Ignacio, Transporte maritimo y contaminación en América Latina y el Caribe, CEPAL/PNUMA, November 1979.

Vitale, Luis, Hacia una ciencia del ambiente (Arbeitspapier für das interne Seminar des CENAMB, Caracas, Juni 1978).

✻   ✻

✻

Bislang liegen auf deutsch nur zwei Essays von Luis Vitale vor:

„Ist Lateinamerika feudal oder kapitalistisch? Brauchen wir eine bürgerliche oder eine sozialistische Revolution?" (aus dem Spanischen übersetzt von Gisela Richter), in: Bolivar Echeverria/Horst Kurnitzky (Hrsg.), *Kritik der bürgerlichen Anti-Imperialismus.* Entwicklung der Unterentwicklung. Acht Analysen zur neuen Revolutionstheorie in Lateinamerika, Berlin: Verlag Klaus Wagenbach, 1969, (Rotbuch 15), S. 67—91.

„Naturwissenschaft und Umwelt" (Vortrag beim Seminar über „Industrien, Ressourcen und Umwelt in Lateinamerika", Cumaná, Venezuela, Oktober 1980), in: Achim Schrader/Hein Schlüter (Hrsg.), *Ökologie-Diskussion in Lateinamerika.* Sozialwissenschaftliche Beiträge, Münster: Anuario, 1986, (Anuario--Münsteraner Beiträge zur Lateinamerika-Forschung, Bd. 2), S. 21—42.

DRITTE WELT-THEMEN bei isp